손기정 남승룡 가슴의

일장기를 지우다

조선중앙일보 · 동아일보 일장기 말소 사건의 새로운 진실

최인진 지음

신구문화사

　지금으로부터 70년 전인 1936년 8월 9일(독일 시간). 독일 베를린 올림픽 마라톤 경기에 일본 선수로 출전한 우리의 손기정 선수는 세계 신기록을 작성하며 세계를 제패하는 대 파란을 일으켰다. 비록 일본 선수로 출전했지만, 엄연히 한국 사람인 손기정 선수의 분전은 이민족의 지배 밑에서 신음하던 우리 민족을 흥분의 도가니로 들끓게 했다. 세계를 제패했다는 소식은 억눌리었던 민족혼을 분출해 일본의 통치를 뒤엎을 듯 열띤 분위기로 넘쳐났다.

　당시의 민간지인 『조선일보』, 『동아일보』, 『조선중앙일보』는 손기정 선수의 세계 제패 소식을 연일 대서특필하고 다양한 지면으로 편집해 분출하는 민족의식에 불을 질렀다. 손기정 선수의 승리를 앞세워 제국을 때려누이고 독립의지를 달성할 수 있음을 강조하는 등 일제에 대한 저항이 위험 수위에까지 이를 정도로 대담한 논설을 폈다. 뿐만 아니라 여러 가지 사업을 제창해 세계 제패 정신을 민중 속에 심으려 했는데, 이러한 과정에서 『조선중앙일보』와 『동아일보』의 일장기 말소 사건이 일어나게 되었다.

　일반적으로 알려진 일장기 말소 사건(日章旗抹消事件)은 두 신문이 마라톤 경기 후 시상대에 서 있는 손·남 양 선수의 수상 장면을 촬영한 사진을 게재하면서 가슴에 선명하게 나타난 일본 국기, 즉 일장기를 지워 신문을 발행해 큰 파장을 일으킨 사건이다. 당시에 '일장기 말소', '일장기 말실 사건', 또는 '일장기 표지 말소'로 지칭되었다.＊

　이것은 한국 신문사나 사진사에서 그 예를 찾아볼 수 없을 정도로 일제의 가혹한 탄압을 가져온 역사적 사건이었다. 일장기를 말소한 『동아일보』는 무기정간처분을 당했으며, 『조선중앙일보』는 자진 휴간했다가 나

※　「일장기 말소」라는 명칭은 『朝鮮中央日報』와 『東亞日報』에서 일본 국기인 일장기에 그려진 마크를 지운데서 붙여진 이름이다. 이 사건이 일어났을 당시 경기도 경찰부는 8월 27일 경성지방법원장 앞으로 제출한 보고서에 「국기표장말소」(國旗表章抹消)라고 했으며, 일장기의 마크가 고의로 말소되어진 행적이 있었으므로, 「일장기 마크 고의 말소」라는 명칭으로도 사용했다. 이후 「일장기 말소」라기도 하고 「일장 마ー크 말소」, 「일장기 말살」 등으로 지칭해 왔는데, 필자의 소견으로는, 「일장기 말소」라기보다는 「일본국기 표장 말소」(日本國旗標章抹消)라고 하는 것이 이 사건에 대한 정확한 명칭이라고 생각한다.

중에 폐간되었다. 그동안 사진 보도가 문제되어 압수나 차압된 경우는 있었으나, 신문 발행을 정지시킨, 그것도 기한도 정하지 않은 행정처분인 무기정간처분, 또는 폐간에 이른 것은 처음이었다.

이를 주도한 『조선중앙일보』와 『동아일보』의 기자들은 모두 투옥되어 갖은 고문을 당했으며, 일장기 말소가 형사 소추를 할 수 없는 사건이어서 정식 재판을 거쳐 실형을 살지는 않았지만 그보다 더 가혹한 조치로 언론계에 발붙일 수 없도록 추방당하는 시련을 겪었다.

그 엄청난 역사적 의미와 파장에도 불구하고 일장기 말소 사건은 발생한 지 70년이 된 현재까지 그 전모가 제대로 알려지지 않았다. 문제된 사진의 출처, 사진에 나타난 일장기를 말소하게 된 경위 및 말소 작업과정, 그리고 거사에 가담한 기자들과 그들의 실제적인 역할 등등이 제대로 규명되지 못하고 있다. 관련 분야나 연구자들도 이 사건을 규명하는데 무관심했으며, 사건의 진실 자체를 규명하기 위한 활발한 연구가 이뤄지지 않았기 때문이다.

필자는 수년 전부터 이 문제에 관심을 갖고 한국과 일본을 오가면서 관변 및 친일 매체에 수록된 자료들, 『조선중앙일보』와 『동아일보』, 『아사히(朝日)신문』 관련지면과 이 신문사의 사사 등 기록물, 관련 기자들이 생전에 남긴 기고문 및 증언 등 광범위한 자료를 찾아내 해석했다

『조선중앙일보』 일장기 말소 사건은 손기정 선수의 유니폼에 표시된 일장기뿐만 아니라 남승룡 선수의 가슴에 표시된 일장기도 말소해 이 신문에 게재했지만, 당시에 1등을 한 손기정 선수에게만 관심이 쏠려 3등 선수의 일장기 말소는 전혀 관심을 두지 않은 채, 오늘까지 지내왔다는 새로운 사실도 발견했다.

『동아일보』도 1936년 8월 25일자의 손기정 선수의 유니폼에 나타나 있는 일장기 말소보다 12일 전인 1936년 8월 13일자 2면에 게재된 손기

정 선수 사진에서 이미 일장기를 말소했음을 확인했다. 또 이 사건의 가장 중요한 문제로, 그동안 분분했던 사진 출처에 대해서도 『오사카 아사히(大阪朝日)신문』과는 다른, 후쿠오카 규슈지사에서 발행하는 『오사카 아사히(大阪朝日)신문』의 지방판인 『오사카 아사히(大阪朝日)신문 남선판』, 『오사카 아사히(大阪朝日)신문 조선 서북판』 게재 사진임을 확인했다.

올해 2006년은 일장기 말소라는 역사적인 거사가 일어난 지 70주년이 되는 해이다. 이 뜻 깊은 해를 맞아 일장기 말소 사건의 역사적 진실, 숨겨진 사실을 밝혀내 한 권의 책으로 엮었다. 이 분야의 연구에 일조가 될 수 있다면 더 없는 기쁨이겠다.

이 연구를 진행하면서 많은 분들의 도움을 받았다. 귀중한 자료를 제공해준 소장기관에 감사드린다. 특히 일본 아사히신문 조사부와 우메즈 테이조(梅津禎三) 아사히신문 전 사진부장, 일장기 말소 사건의 사진 출처를 규명할 수 있도록 시종일관해 도와준 오사카본사의 카시와다 기로(柏田義郎) 컬러 코디네이터, 일본 자료 조사에 도움을 준 강미현, 김동현, 고은정, 전승혁, 또 일본 자료 번역을 도와 준 김병성, 그리고 한국사진사연구소 여러분에게도 감사를 드린다.

특히 이 책의 출판을 흔쾌히 맡아 준 신구문화사의 김광근 상무, 이 책의 출판을 적극 권유하고 도움을 준 동아일보 이광표 학형에게도 거듭 감사를 드린다.

2006년 8월
최 인 진

손기정 남승룡 가슴의 일장기를 지우다

– 조선중앙일보 · 동아일보 일장기 말소 사건의 새로운 진실

| 목차 |

1장

손기정과 함께 달린
한국의 신문들

1936년 8월 9일 오후 5시 31분, 독일 베를린 올림픽 스타디움

손기정 선수의 골인 장면

히틀러가 세계를 지배하려는 야욕에 넘쳐 있던 1936년. 그 해 8월에 열린 제11회 베를린 올림픽은 어느 때보다도 성대한 대회였다. 올림픽의 하이라이트인 마라톤에서 조선인이면서도 일본 대표가 되어 가슴에는 선수번호 382번을 붙인 손기정 선수가 세계 신기록으로 골인, 우승을 차지했다. 히틀러의 야망이 넘치는 프로파간다 영화인 「민족의 제전」에서 레니 리펜슈탈(Leni Riefenstahl)은 경기 중의 손기정을 슬로우 모션과 상, 중, 하의 앵글로 다리와 어깨, 가슴 그리고 근육의 움직임, 클로즈업한 얼굴, 길가의 나무, 그림자까지 아름답게 묘사했다. 손기정 선수의 마라톤 우승은 리펜슈탈의 기대 이상으로 전 세계에 충격적인 뉴스로 전파되었다.[1]

손기정 선수는 1940년 무렵 「민족의 제전」이란 기록 영화를 보고, 전 코스를 달릴 때, 참가 선수들과의 치열한 레이스 다툼, 골인 순간 등 당시의 여러 상황을 월간지 『조광』에 다음과 같이 술회했다.

> 내가 백림 올림픽대회에 출전하여 육상경기의 최후를 장식한 마라톤경주에 출장하게 된 것은 소화 12년 8월 9일 독일시간으로 3시 2분부터였다. 섭씨 32도란 염열 가운데 28개국 51명의 대표가 참가하여 올림픽 스타듸움 수십만 관중이 가득한 속에서 일제히 출발하여 스타듸움을 두 번 돌고 전회의 패자 자바라(아르헨티나 대표— 필자 주)를 선두로 마라손 탑 밑을 지나 장외로 뛰어나아 갔을 때는 가슴에 뛰노는 고동을 참기 어려웠다. 그것은 숨이 차서 그런 것이 아니라 내 가슴속에 일어나는 감격의 고동인 것이다.
>
> 우리가 스타-트 한 지 4키로까지는 자바라가 의연 선두를 달리었고 그 다음이 비오라(葡) 그리고는 하퍼(英) 선수다. 나는 나란히 뛰엄질을 하였는데 8키로의 지점에 가서도 의연 자바라, 비오라,

1   新藤建一, 「寫眞의의ワメ」, 日本情報センタ出版局, 1984, p.51

하퍼와 나의 순으로 나아가고 있을지음, 올리버(亞蘭)가 뒤떨어졌든 용기를 내어 선두를 육박하드니 하펠 호반에 나아가 12키로 가서는 자바라군이 39분 21초 42초 늦어 하퍼, 부라운, 그 뒤에 내가 서서 제5위를 달리고 있었다.

나는 「민족의 제전」의 영화를 두 번이나 보고 내가 뛰든 그 모양과 각 선수들이 헐떡이는 광경에 잠시 눈이 뜨거워졌다. 그리고 5년전 옛일이 파노라마처럼 다시 내머리 속에 떠올랐다. 사실 하펠 호반 솔밭에 이르러 다시 말하자면 31키로의 지점에 이르러 나는 맹렬히 피치를 올려 선두를 맥진하여 전 인류의 기쁨을 실은 역사적 텝은 나의 몸에 의해 끊어졌다. 스타디엄 속의 수십만 관중의 환호는 여러분이 보신 영화, 그대로 열광적이었다.

그래 나는 일착을 했으나 남군이 염려가 되어 기다렸는데 제2위로 하퍼, 제3위로 남군이 들어오니 그때는 그저 감격했을 뿐이다. 이러하니 나는 2시간 29분 19초 2로써 제1착을 하였는데 영화를 보는 순간 나는 작고 가슴에 뛰는 격동의 물결을 금할 길이 없었다.(…)**2**

1936년 올림픽을 앞둔 당시 히틀러는 베를린 서부 사로텐브르크(Charottenburg) 일대의 숲 속에 올림픽 메인 스타디움을 건설했다. 이 스타디움엔 마라톤 경기를 위해 경기장 안에서 밖으로 나가는 터널을 만들었다. 마라토너들이 이 터널을 통과해 거리가 아닌 숲속 코스를 질주하도록 설계한 것이다.

손기정 선수와 남승룡 선수는 1936년 8월 9일 오후 3시 2분, 메인 스타디움에서 지하 터널을 통과해, 그르네발트(Grunewald)라는 거대한 숲과 하펠(Havel) 호반 사이로 난 길을 왕복하는 42km의 마라톤 경

---

2   孫基禎, 「民族의 祭典을 보고」, 「朝光」 1940

손기정 선수가 달렸던 그르네발트 숲

기에 나섰다. 손기정·남승룡은 영국의 하퍼와 함께 선두 그룹을 형성해 힘차게 달렸으나, 처음부터 선두는 아르헨티나의 자바라 선수였다. 뒤쳐 져 달리던 손기정 선수가 선두에 나선 것은 반환점 하펠 호반 솔밭—손기 정 선수의 증언에 의하면 31킬로 지점—이었다. 반환점을 통과하는 사진 을 보면 손기정이 하퍼와 거의 동시에 통과하는 것으로 나와 있다. 이후 의 레이스에서 자바라는 낙오하고 손기정, 하퍼, 남승룡 순으로 골인하면 서 장장 42킬로미터의 대장정은 손기정의 우승으로 막을 내렸다.

그로부터 66년이 지난 2002년 8월 9일, 필자는 베를린 올림픽 마 라톤 경기가 열렸던 그 날, 그 시간에 맞춰 역사적 현장인 베를린 서부지구 샤로텐브르크(Charottenburg)의 올림픽 메인 스타디움을 찾았다. 당시 한국 신문들은 이 대회에 특파원을 하나도 파견하지 않았음에도, 어떻게 해서 마라톤 경기 우승 사진을 입수해 신문에 게재하고 또 그 사진 중에서 손기정 선수의 가슴에 표시된 일장기를 말소하게 되었는가 등등에 대해 알아보기 위해서였다.

사실 일장기 말소 사건에 대해 관심을 갖게 된 이후 수십 년 동안, 사건의 현장인 이곳을 꼭 한 번 찾아보았으면 했다. 손기정 선수가 출발선을 뛰쳐나가 치열한 역주를 거쳐 1등으로 골인하고 수상대에 오르기까지 그 일련의 장면을 찍은 당시의 사진을 현장과 맞추어 보고 싶어서였다. 아울러 함성과 열광으로 가득 찼던 그 현장을 마라톤 경기가 열렸던 그 날짜에 보고 싶은 마음도 간절했었다.

그러나 아쉽게도 베를린 올림픽 메인 스타디움은 리모델링이 한창 진행 중이었다. 공사장 경비원들의 완강한 제지로 경기장 출입은 물론 경기장에 접근해 내부를 들여다보는 것마저도 무산되고 말았다. 나의 간절한 희망이 물거품이 되고 만 것이다.

다행스럽게도 그르네발트 근처의 자유의 종탑 전망대는 관람이 허용되어 5층의 종탑에 올라 먼발치에서나마 주경기장이었던 올림피아 스타디온과 여러 경기장, 그리고 주변의 베를린 숲을 조망할 수 있었다. 손기정 선수와 남승룡 선수가 올림피아 스타디온 지하 통로를 통과해, 그르네발트 숲과 하펠 호수 사이로 난 호반의 숲길을 역주한 마라톤 경주 코스를 어느 정도 짐작할 수 있었다.

1936년 8월 9일 오후 3시 2분(한국시간 8월 10일 0시 2분), 28개국 56명의 선수들이 메인 스타디움 출발선에 도열해 출발신호를 기다릴 때의 날씨는 섭씨 32도의 폭염이었다. 그러나 2002년 8월 9일 그르네발트와 하펠 호숫가의 마라톤 코스는 초여름 날씨처럼 약간 더운 정도였다.

숲과 호수가 어우러진 마라톤 코스에 들어섰을 때, 문득 이런 의문이 들었다. 세계 정복의 야망에 불타 있던 히틀러가 베를린 시내의 번화가를 주행 코스로 정해 독일의 발전을 전 세계에 선전할 수 있는 절호의 기회였음에도 불구하고, 왜 한적한 숲길을 택했을까. 하긴 베를린 시는 숲속의 도시로, 튀링겐 숲과 같은 울창한 삼림이 조성된 숲과 함께 어우러진 도시라고도 할 수 있다.

메인 스타디움 서쪽의 자유의 종탑 앞으로 난 그르네발트 숲길에 들어서자 수목이 울창했고 그 옆으로 하펠 호수가 잠깐잠깐씩 나타났다 사라졌다. 손기정 선수는 등번호 382번을 달고 올림픽 마라톤 우승 경력의 자바라 선수와 함께 선두 그룹에 끼어 이 호숫가를 달렸을 것이다. 손기정 선수처럼 숲속을 차로 달리기도 하고 또 어느 지점에서는 차를 내려 걷기도 하면서 마라톤 코스를 답사했다.

자바라 선수에게 30초 정도 뒤진 채 통과한 4km 지점, 마라톤 코스의 첫 고갯길인 6km 지점, 선두 그룹을 형성하고 달리다가 4번째로 힘차게 통과한 12km 지점, 손기정 선수와 하퍼 선수가 1시간 12분 19초로 터닝하던 21킬로미터 반환점(Wendepunkt), 또 권태하 선배가 한국어로 "기정아! 자바라를 제껴라! 자바라만은 절대로 이겨야 한다!"고 목매게 응원하던 함성도 이 지점의 숲속에 메아리로 남아 있는 듯했다.

손기정 선수가 일약 선두에 나선 자동차 교통 연습도로에서 하펠 호반 코스로 들어서는 29km 지점, 코스 중에 가장 난코스의 하나인 31, 32km 지점의 빌헬름 고갯길, 남승룡 선수도 2km나 계속되는 이 급경사 길에서 7위에서 6위, 5위, 4위를 추월해 하퍼의 뒤를 따르기 시작했다. 최후의 고갯길인 40km의 비스마르크를 넘어서면 2.195km의 평탄한 나머지 코스.

오후 5시 30분, 손기정 선수와 남승룡 선수는 긴 그르네발트 숲을

베를린 올림픽 메인 스타디움의 자유의 종탑

빠져나와 자유의 탑을 통과해 메인 스타디움에 1등과, 3등으로 골인했다. 손기정 선수의 기록은 2시간 29분 19초 2, 세계 신기록이었다.

한국의 신문들,
손기정과 함께 출발선에 서다

올림픽 마라톤 경기가 열린 1936년 8월 9일 국내의 민간지들은 일본 국적으로 마라톤 경기에 참가하고 있는 손기정 선수와 남승룡 선수의 우승에 대비하여 라디오와 장거리 전화로 그 추이를 지켜보면서 철야 대기하고 있었다.

『조선일보』는 출전을 앞둔 베를린 현지의 손기정 선수와 동경지국장 김동진과의 전화 인터뷰 내용을 게재했다. 도쿄에서 베를린 올림픽 선수촌의 손 선수와 통화한 내용을 다시 서울 본사로 중계해 8월 9일자 2면에 「금일의 결전을 앞두고 전화에 불려나온 우리 손군, 백림 동경 중계 본사 국제전화, 남형과 역투승전하오면 영예는 고토에 환보하리다. 조선에서 처음 보는 우리말의 국제 전화 만리 창공 타고 온 손군 투지」라는 제목으로 소개한 것이다.

세계인의 이목이 집중된 올림픽 마라톤 경기에서 가장 유력한 우승

후보인 손기정과 남승룡 양 선수에게 조선 민중의 뜨거운 성원을 보내고 동시에 두 선수에 관해 궁금한 소식을 듣기 위해서였다.

> (…) 그러나 독일의 백림과 조선의 서울! 실로 구천여키로의 수륙
> 이 첩첩히 싸인 지구 저쪽 끝이라 이 땅의 열심한 팬들의 보내고
> 싶은 격려의 말 듣고 싶은 그의 말이 마음 갖지 않아 초조한 가운
> 데 있는 이 시간 이 자리에 본사에서는 만천하 독자의 언외에 팽창
> 된 소원을 받자와 최대의 가능한 현대의 과학의 힘을 빌어서 본사
> 동경지국장(東京支局長) 김동진(金東進) 씨로 하여금 백림 올림픽
> 촌에서 방금 대기의 자세를 잡고 있는 우리의 마라손 대표의 하나
> 손기정 군을 전화통에 끌어내었다. 백림 동경간 구천키로의 장거
> 리 국제 전화를 통하여 마주 앉은 듯이 우리말을 주고받기는 실로
> 우리 사람과 우리말로서의 최초의 기록이라 할 것이다. 이 역사적
> 국제전화는 팔일 오후 다섯시 삼십분(독일 시간으로는 오전 아홉시
> 삼십분)으로부터 세 통화 구분 간, 동경지국에서는 다시 시각을 옮
> 기지 않고 경성 본사를 불러서 동 오후 여섯시 십오분 손기정 군과
> 동경지국 김지국장과의 문답 담화를 중계하였다.(…)[3]

한편 『조선중앙일보』도 8월 9일자에 「대망의 마라손에 손, 남 양군 제
패?, 금 구일 오후 십일 시(조선시간)에 출발 쾌보 기다리는 반도산하」라는
제목으로 손기정·남승룡 두 선수의 마라톤 경기 예고 기사를 게재했다.

> 세계의 젊은이가 대공(大空) 밑 한마당에 모이어 생명을 걸고 또
> 그 대지 우에서 손에 손을 잡고 한가지로 웃으면서 인간의 쟁투정

---

3 『朝鮮日報』 1936년 8월 9일자 2면 기사

신을 살리어 평화한 속에 안기어 정정당당히 승부를 다투는 이것이 세계올림픽대회의 본의인 것인데 불우한 환경에서 남다른 야심 밑에 칠 인의 전사를 거룩한 전지 백림으로 보내고 그 중에도 올림픽 발원의 가장 유서가 깊은 마라손에 손기정·남승룡 양 선수는 우리 민족의 힘과 건강과 투지를 전운급박한 구주 광야에서 백만 인의 목격 밑에 여실히 보여줄 천군만마의 기사라 하겠다는바, 대망의 9일 오후 십일시(조선시간)는 그들이 사 년간이나 백전 연마한 결전의 스타트의 역사적 순간이니 전전에 이미 적을 삼킨 듯 한 호조의 뉴스를 전하여 주던 손 남의 패권이 과연 이루어지느냐 불연이면 아르헨티나의 정력의 권화 자바라가 제패할 것이냐? 이날은 오후 열한시부터(독일시간 오후세시) 열두시까지 마라손 출발광경의 흥분과 감격을 조선에도 중계방송하게 되었으며 십일 오전 한시 30분을 전후하야 양 선수는 결승선에 들어올 터인 바 이는 시간관계로 마라손의 상황을 녹음에 넣다가 십일 오전 여섯 시부터 일곱 시까지 방송하게 되었으므로 이로 인하여 초조한 우리의 조바심을 풀을 일조가 될 것이다(사진은 손기정(좌)과 남승룡(우) 군)[4]

또 『조선중앙일보』는 이 날짜에 마라톤 출전을 앞둔 베를린의 손기정·남승룡 두 선수에게 "군들의 굳센 심장과 무쇠다리는 우리 반도 이천삼백만의 심장이요 다리다. 잘 싸워다오! 이겨다오"라는 내용의 격려 전보를 보내 투기와 사기를 일층 더 고취시키었다고 보도했다.[5]

20
———

4   『朝鮮中央日報』 1936년 8월 9일자 「대망의 마라손에 손·남 양군 제패?」 기사
5   위의 신문, 1936년 8월 9일자 「본사에서 백림에 있는 양군에게 격려전 잘싸워라! 이겨라」라는 제목의 기사

호외로 달린
두 선수의 승전보

독일 베를린 현지로부터 전파를 타고 손기정 선수의 마라톤 우승이 알려지자 마라톤 경기에 대비하고 있던 『조선일보』, 『동아일보』, 『조선중앙일보』의 야근 기자들은 호외를 제작하기 위해 분주하게 움직였다. 한밤 중인데도 호외를 제작하랴, 신문사 밖에 모여 초초하게 기다리는 군중들에게 우승 소식을 전하랴, 시내가두 요소요소에 벽보를 게재하랴 눈코 뜰 새가 없었다. 손기정 선수의 우승 소식이 전해지자 신문사의 편집국과 인쇄공장은 쉴 새 없이 울리는 전화 벨소리, 공습을 당할 때처럼 이리 뛰고 저리 뛰면서 호외를 만드느라 기쁨을 나눌 여유도 없었다고 당시의 신문에는 이렇게 적혀 있다.

(…) 오전 두시 오분 전령은 요란히 울었다.

얼결에 떨리는 손으로 수화기를 잡으니 위선 들려오는 소리가 「손군 일착」, 「손군 우승」, 「손군 우승」 편집국으로부터 공장으로 또다시 거리로 점점 확대되며 이 영예로운 음파의 파문은 점점 커간다. 「올림픽 신기록 남군 삼착…」 편집국 내와 공장은 완연히 공습을 당하고 동으로 서로 이리뛰고 저리뛰고 있는 것 같다. 정판이 끝나자 잊어버렸던 것 같이 갑자기 한 모퉁이에서 「만세」하고 외치니 서로 얼싸안고 돌아가는 양이 얼마나 눈물겨운 장면이냐!

그러나 우리의 일이 끝난 것은 아니다. 각 지방지국에 전화로 지령을 하여야 한다. 어느 전화나 어느 전화나 통화가 끝나는 대로 서로 만세를 교환하며 끝을 맺는다. 일곱 개의 전화는 쉴 새 없이 새벽까지 잠조차 자지 않고 마음조리는 독자의 응대로 수화기는 불이 날 지경이다. 오전 두시 삼십오 분 오토바이는 역으로 달리고 요란한 종소리를 울리며 호외 배달의 제일선 부대가 출동하였다.[6]

정기적인 신문 발행 시간이 지났기에 자정을 넘긴 시간에 발행할 수 있는 지면은 호외 뿐이었다. 각 신문사는 마라톤 우승 첩보를 알리기 위해 정기지면과 같은 호외를 제작하기 시작했다.

「대망의 세계 마라손 제패 완성, 조선 남아 의기충천! 손군 1착, 남군 3착 30개국 56명 선수 출전 초인적 신기록 작성」, 「대망의 올림픽 마라톤, 세계의 시선총집중리(視線總集中裡), 당당(堂堂) 손기정 군 우승, 남(南) 군도 삼착(三着), 당당 입상으로」란 제목의 호외를 온 장안에 배포했다.

『동아일보』는 경기가 시작되기 전인 9일 밤 11시, 사장실에 김규(金圭, 조선체육회 간부), 안종원(安鍾元, 양정고 교장), 서봉훈(徐鳳勳, 양정고 교감), 장권(張權, YMCA 체육부 간사), 최재환(崔在煥, 고려 육상연맹 이사), 김은배(金恩培, 올림픽 마라톤 선수), 장을수(張乙秀, 올림픽

22

6 『朝鮮日報』 1936년 8월 11일자 제5면 「號外! 孫君萬歲 이날의 號外 製作까지의 編輯局」

권투 선수), 안철영(安哲永, 베를린 체류 마라톤 코스 자문) 등 체육계 인사 여러 명이 이 회사 기자들과 함께 베를린 올림픽 경기장에서 중계되고 있는 방송을 청취하고 있었다. 책상 위에 놓인 마라톤 코스 도면을 짚어 가면서 손기정·남승룡 두 선수의 경기 실황에 모든 정신이 집중되어 숨소리 하나 들리지 않았다.[7]

자정이 지난 10일 새벽 1시 반, 중계방송 전파는 숨 가쁘게 "일착 일착, 손기정 선수 일착"을 외쳐대기 시작했다. 그것도 2시간 29분 19초 2, 세계 신기록이었다. 남승룡 선수가 3위로 골인하자 중계방송 전파는 더 이상 누구의 귀에도 들리지 않았다. 사장실에 모인 인사들은 환호성을 지르고 감격에 목메어 서로 얼싸안았다. 이 감격을 고스란히 호외에 쏟아 넣었다.

제1판 호외에는 「대망의 올림픽 마라손, 세계의 시청총집중리 당당, 송기정군 우승, 남군도 3착 당당 입상으로」라는 제목으로 다음과 같은 기사를 실었다.

9일 오후 세시(조선시간 오후 열한시)에 올림픽경기장을 출발한 마라손에 우리의 대망의 손기정(孫基禎)군은 장쾌! 30여 나라 60선수들 강적을 물리치고 당당 우승을 하였다. 이 마라손이야말로 전 세계의 시청을 한곳 여기에 모으고 있어 인류로서 가진 최대요 최고인 힘의 위대를 자질(尺度)하는 영예의 성전장 독일 백림(獨逸伯林) 올림픽 스타디움에 모인 30여 나라 56선수의 각자 승리 혼에 불타오르는 스타트는 9일 오후 11시(독일시간 오후 3시) 그류네왈드 삼림 주위를 도는 마라손 코스(26마일 4분의 1)에서 거행한 바 그 기록은 다음과 같다.

1착 손기정(양정고보생) 2시간 29분 12초 2

23

7   『東亞日報』 1936년 8월 10일자 호외

3착 남승룡(명대생 학생) 2시간 31분 2초.[8]

　제2판 호외는 『동맹통신(同盟通信)』이 제공한 뉴스로 제1판에 게재한 선수의 기록을 보완하고, 조선체육회장 윤치호, 양정고 교장 안종원, 전 올림픽 마라손 입상자 김은배 씨의 소감, 귀로 손·남 양군 매진 더욱 호조 등의 기사와, 본사 앞의 쾌보에 광희 약동하는 우중의 대관중 및 사진과 쾌보를 기다리는 『동아일보』 사내의 사진과 가타 관련 자료사진 등을 게재했다.[9]

　『조선일보』는 10일자 호외에서 「백림에서의 전파 '출발! 출발!' 라디오 앞에는 군중이 몰려 이 밤의 흥분된 가두」라는 제목으로 마라톤 경기 중계에 쏠린 자정 전후의 서울시민의 동태를 이렇게 전했다.

　(…) 이윽고 시계 바늘이 열시 사십오 분을 가리키자 손을 비벼가며 기다리고 고대하든 출발시간을 앞두고 지금까지 침묵을 지키든 라디오의 라우스피커는 올림픽대회가의 방송으로 큰 입을 열었다. 거리거리 라디오 상회 앞에는 젊은이, 늙은이, 어린이, 남자, 여자가 인산 인해를 일우고 라디오 있는 집마다 집안 식구가 전부 라우드시픽커를 둘러싸고 모여 앉아 한마디도 헛듣지 않으려고 열중하고 있어, 이 날 이 시각의 시가는 아니 전조선 방방곡곡은 마라손열이 하늘 꼭대기까지 고조되었다.
　마라손 해설 중 손기정·남승룡 양군은 원기 양성하게 준비를 다하고 출발 시간을 기다리고 있다는 말이 나오자 듣는 사람들은 이구동성으로 모두 부라보를 불렀다. 십오분 동안 해설이 끝나고 드디어 해륙 구천키로를 격한 백림 올림픽촌에서 보내는 출발 방송이 울리자 모인 군중의 신경은 일층 긴장되어 손·남 양군의 출발하는

24

8　『東亞日報』 1936년 8월 10일자 호외

9　위의 신문, 본 호외는 본지에 재록치 않는 제2 호외

그 자세를 멀리 연상하며 "꼭 이겨다오 조선 남아의 의기를 보일 때는 이 때 뿐이다."하고 모두다 혼자 말을 한다. 이것이 그들에게 보내는 우리의 축언이다. 조선의 영예를 어깨에 지고 싸우는 그들의 피도 한것 높이 뛰렸마는 총후의 우리의 피도 못지않게 뛰며 마음조차 안타깝다. '그저 이겨라' 만약에 신이 있다고 하면 그들을 가호하여 줄 것이다. 열두시 십분 전 라듸오가 입을 다물어도 모였던 군중은 돌아갈 줄을 모르고 한참이나 섰다가 외여치는 소리가 이것이었다. 마라손 코스를 달리는 양군이여 그대들의 총후에 이 대중의 심원이 있음을 생각할 지어다.[10]

손기정 선수의 마라톤 세계 제패 승전보는 온 민족을 흥분의 도가니로 들끓게 했다. 규제와 통제로 억눌려 있던 민족혼이 한꺼번에 분출되는 것 같았다. 『동아일보』 사설은 "지금 손·남 양 용사의 세계적 우승은 조선의 피를 끓게 하고 조선의 맥박을 뛰게 하였다. 그리고 한 번 기(起)하면 세계라도 장중(掌中)에 있다는 신념과 기개를 가지게 하였다.[11]"고 썼으며, 『조선일보』는 「조선 남아의 의기」라는 제목으로 "우리는 이번 손남 양군의 승리로써 민족적 일대 영예를 얻은 동시에 민족적 일대 자신을 얻게 되었다." 그리고 "이것을 기회로 스포츠, 기타 온갖 방면에 일대 세계적 수평운동이 일어나기를 바라는 바이다.[12]"라고 썼다.

『조선중앙일보』 역시 사설에서, "마라톤의 패권이 끝끝내 조선이 나은 일청년(一靑年)의 수중에 파지(把持)되었다는 소식이 한 번 조선에 전하자마자 새벽하늘에 울리는 종소리와 같이 조선 민중의 귀를 쳤다. 이리하여 너무도 오랜 동안 승리의 영예와는 연분이 멀어졌던 조선 민중이 최초의 망연(茫然)한 경악에서 지금은 의심 없이 승리의 기가 우리들에게 돌아온 것을 확신할 때 이 위대한 환희의 폭풍은 적막한 삼천리강산을 범람

10 『朝鮮日報』 1936년 8월 10일 발행 호외 기사

11 「世界制覇의 朝鮮 마라손 孫·南 兩選手의 偉績」 『東亞日報』 1936년 8월 11일자 사설

12 「朝鮮男兒의 意氣」 『朝鮮日報』 1936년 8월 11일자 사설

하고 진감시킴에 충분하였다.¹³"라고 썼다.

손기정 선수의 마라톤 우승이 전해진 이후 보름 동안 각 신문은 민족의 자긍심과 민족혼을 일깨우려는 기사로 지면을 가득 채웠다. 각계에서 보낸 축하 전보와 선물을 접수한 명단을 발표하고 각지의 축하 행사는 하나도 빠지지 않고 보도했다.

이러한 민간지들의 열광적인 보도 자세에 대해 총독부 측도 체제를 반대하는 극한 상황까지 이르는 것을 우려하면서도 관망의 자세를 취할 수밖에 없었다. 신문검열 당국인 총독부 경무국조차도 위에 인용한 『동아일보』 사설에 대해, "이는 명백히 민족의식의 앙양이라고 인정한다 하더라도 아직 노골적으로 제국(帝國, 日本을 말함)을 때려누이고 독립의 의지를 달성할 수 있음을 강조한 것이라고는 생각키 어려움으로 특히 계고를 주어 불문에 부(附)하였다.¹⁴"고 할 정도였다.

민간지의 논조는 손·남 두 선수의 승리는 바로 우리의 승리라고 전제하고, 연일 화보를 중심한 다양한 지면을 제작하여 민족의식을 일깨웠다. 또한 손·남 두 선수의 우승을 계기로 여러 가지 사업을 제기하여 우승정신을 민족의 정신적 지주체로 삼으려고 했다. 체육관을 건설하자는 제의를 사설로써 발의하기도 하고, '스포츠 조선 세계 제패가'를 모집하기도 했다.

승전보는 신문사뿐만 아니라 민중들 사이에도 열병처럼 번져갔다. 손기정 선수의 출신 학교인 신의주 제일보통학교 학생들은 우승 소식이 전해지던 날, 깃발을 들고 행진했으며 모교인 양정고에서는 환영회 준비에 착수하고 전 학생들이 손기정 선수 만세를 불렀다. 각지 인사와 단체들은 축전을 보내고, 제승 축하회, 기행렬(旗行列), 연설회 등이 개최되었다. 광주의 최남주(崔南周)는 두 선수에게 1천원을 우송하고, 서울의 민규식도 체육계를 위해 3백원을 희사했으며, 호남은행의 현준호와 육영

13 「마라손 制覇 孫·南 兩君의 偉功」『朝鮮中央日報』 1936년 8월 11일자 사설

14 檀箕逸民 『停, 休刊 中の東亞日報と朝鮮中央日報は何うなる?』 1936 朝鮮特通信社

회에서도 두 선수의 학자금을 보장하겠다고 제의했다.

양정고보 동창회에서는 세계 정패(征覇) 기공탑 건립 계획을 세웠으며, 각지에서도 기념 체육관, 기념 동상을 세우기로 했다. 컬럼비아 레코드사의 제패 기념 레코드 취입, 동양극장의 「마라톤 왕 손기정 군 만세」라는 제목의 연극 상연 , 연희전문학교의 전 조선 육상경기대회 개최, 대구와 개성에서의 축하 마라톤 대회 등 사회 · 문화계의 반응도 결코 적은 것은 아니었으며, 스포츠 경기의 활성화로도 이어졌다.

2장

손기정 남승룡 가슴의 일장기를 지우다

조선중앙일보의 일장기 말소 사건

『조선중앙일보』는 손기정 선수의 마라톤 우승 소식을 가장 다양하게 편집 제작한 신문 중의 하나였다. 손 선수의 모교인 양정고보의 동정, 손·남 양 선수의 사생활과 친척들의 인터뷰, 유명 인사들의 기고문, 각 지방의 축하 행사, 사진화보 등 다양한 기사로 지면을 제작했다. 특히 다른 신문보다 더 다양한 기사로 지면을 꾸밀 수 있었던 것은 이 신문의 유해붕(柳海鵬) 체육부 기자가 양정고보의 육상부 선배인데다 손기정 선수가 출전하기까지 물심양면의 후원자였기 때문이었다.[15]

손기정 선수의 우승 소식이 전해지자 1936년 8월 11일자에 「십여만 관중 환호리에 손군 일착의 극적 장면, 아나운서도 감격, 손군 일어뿐 양군 이 날 결사분투」라는 제목으로 독일 현지에서 보낸 『동맹통신』 기사를 받아 다음과 같이 보도했다.

〔백림 올림픽 스터디움 동맹특파원 발〕 마라손 선수 들어온다!고

---

15 『朝鮮中央日報』 1936년 8월 13일자 「우리 손기정군의 재능에 숨은 힘, 서봉훈선생의 남다른 애호와 류, 조 양씨의 지도력」 관련 기사

하는 쾌보는 장내의 긴장을 각 일각으로 더하게 하였는데 그 중에서 아나운서는 오직 말문이 막히어 손기정 – 손기정이라고만 부르고 있다. 손기정 단독으로 꼴을 향해 들어오는 씩씩한 발걸음, 이때 수만 관중은 박수와 환호로 이를 환영할 때 빠룬(輕氣球)은 스타디움의 하늘높이 치밀어 올라왔다. 얼마 안 있어 표연히 마리손 탑에 씩씩한 자태를 나타내인 청년은 조선이 낳은 세계적 육상경기의 왕자 손기정 군!

일본군이 올림픽에 참가한지 24년간 마라손에 제패하려고 애써온지 이십사년간! 24년간의 숙원과 희망은 마침내 반도 남아의 쾌주로 성취되지 않았는가?

[백림 특전] 세계 이목의 전초전이 되어있든 이번 올림픽의 최대의 인기있든 마라손에 손기정 군이 땀에 젖은 검은 몸을 의기있게 달려 수만 관중이 주시하고 있는 꼴로 들어서자 장내의 전경을 열심히 방송하든 아나운서들은 세계의 제로라 뽐내든 유명한 선수들을 뒤로 제치고 일 무명 청년인 손군이 당당히 꼴에 들어서 일등의 영예를 차지하자 마이크 앞에 앉아있든 아나운서들은 일제히 감격하여 방송할 줄을 모르고 정신을 잃고 말았다고 한다. 더욱이 이때 전경을 방송하고져 「마이크」 앞에 있든 하서(河西) 아나운서는 눈물을 흘려 울면서 다만 '손군! 손군'하고 다른 말을 할 줄 몰랐다 한다. 그리하여 한참동안 손군의 이름만 부르면서 감격의 사태에 쌔여 있다가 나중에야 다시 정신을 차리고 방송을 하였다는 꼬십도 있어 손군의 이번 장거리를 뜻있게 하였다 한다.[16]

뿐만 아니라 이 날자 지면은, 손기정 선수의 모교인 양정고보의 반

16   위의 신문, 1936년 8월 11일자 기사

응과 환영회 준비 상황, 충남 광천체육회, 간도 영길체육회, 해남청년회, 개성 고려청년회, 수교시민, 신고산 시민 일동, 청주 축구단, 영광체육회 등 각지로부터 답지한 축전, 축하 전화 관련 기사 등을 게재하고, 민규식 씨가 체육계를 위해 3백원을 희사했다는 기사, 일본 가와사키에 거주하는 남승룡 선수의 숙부의 인터뷰를 통한 「제패의 뒤에 숨은 남군의 절제생활」이라는 제목의 기사, 각지의 축하회 관련 기사, 「올림픽 마라손에 승리한 손·남 양군의 쾌보를 듣고」라는 제목의 기고문 등을 게재했다.[17]

이 날자 4면 중앙에 게재한 소설가 심훈의 「오오, 조선의 건아여! (마라손에 우승한 손·남 양군에게)」라는 제목의 시는 마라톤 세계제패에 대한 우리 민족의 감격을 대변한 격정적인 내용이었다.

오오, 조선의 건아여!

심 훈

(마라손에 우승한 손·남 양군에게)
그대들의 첩보(捷報)를 전하는 호외 뒷장에
붓을 달리는 이 손은 형용 못할 감격에 떨린다!
이역의 하늘 아래서, 그대들의 심장 속에 용소슴 치던 피가
이천삼백만의 한 사람인 내 혈관 속을 달리기 때문이다.
○   ○
「이겼다」는 소리를 들어보지 못한 우리의 고막은
깊은 밤 전승의 방울소리에 터질 듯 찢어질 듯.
침울(沈鬱)한 어둠 속에 짓눌렸던 고토(故土)의 하늘도
올림픽의 거화(炬火)를 켜든 것처럼 화닥닥 밝으려 하는구나!

17   위의 신문, 1936년 8월 11일자 기사

○   ○

오늘 밤 그대들은 꿈속에서 조국의 전승을 전하고저

마라손 험한 길을 달리다가 절명한 아테네의 병사를 만나 보리라.

그 보다도 더 용감하였던 선조들의 정령이 가호하였음에

두 용사 서로 껴안고 느껴느껴 울었으리라.

○   ○

오오, 나는 외치고 싶다! 마이크를 쥐어잡고

전 세계의 인류를 향해서 외치고 싶다!

「인제도 인제도 너희들은, 우리를 약한 족속이라고 부를터이냐?」

(1936년 8월 10일 새벽)[18]

이 신문은 날이 갈수록 마라톤 우승 기사로 고조되어 갔으며, 8월 13일자 지면에도 그 열기로 가득했다.

「오늘의 영웅, 백림→조선, 공중을 타고 오는 전보 첩보에 삼천리 산하는 감격의 파도, '마라손 왕' 우리들의 손군이 영관을 얻기까지」라는 제목으로 '시작만 하면 전력을 집중, 손군의 성격', 손기정 선수에게 큰 힘이 되어 주었던 양정고보의 지도 교사와 선배들의 이야기를 담은 '우리 손기정군의 재능에 숨은 힘, 서봉훈선생의 남다른 애호와 류, 조양씨의 지도력', 도움을 아끼지 않았던 학우들의 미담을 담은 '친절한 학우들의 눈물겨운 원조, 김봉수 이원희 양군의 물질적 조력이 기대'라는 기사를 모아 특집판을 제작했다.

그리고 손기정 선수의 이야기를 담은 이색적인 사진 화보도 게재했다. 양 페이지에 걸친 화보는 손기정의 인간 드라마로, 선수 생활과 학교 생활을 하면서 촬영한 사진을 모아 편집한 것이었다.

18   위의 신문, 1936년 8월 1일자

(1) 마라손 최우 예선. (2) 부산에서 입항한 손·남 양군. (3) 경성에서 최후연습. (4) 손·남 양군 경성역을 출발 백림으로. (5) 손군 모친과 작별. (6) 1930년 5월 신의주 대회에서 최초의 수상 경기생활은 이로부터 개시. (7) 1931년 평북대표로 조선신궁경기에 출장. (8) 1932년 5월에 권태하 김은배 군과 전회 올림픽 예선에 출전하였다. (오천미) 예선 좌로부터 둘째. (9) 백림에서 보낸 손군의 서신. (10) 조선 장거계의 트리오(우로부터 손 류장춘 남승룡). (11) 올림픽촌 실내에서 (X손). (12) 백림에서 최초 연습 (좌가 손). (13) 백림에 가는 도중 봉천에서. (14) 전일본 인터미들에서 맹주. (15) 작추 마라손에 두시 이십육분 사십이초의 세계신기록을 작성코 우승수상대상에. (16) 양정고보 입학하야 최초의 우승(경영 십오마일 마라손). (17) 평복한 손군(상)과이달희(중) 김봉수(하)(군). (18) 손군 스케트도 양정서 제일. (19) 전일본 인터미들에서 이백여교를 물리치고 우승한 양정육상군(X) 월계수를 쓴 손군. (20) 교문에 선 손군(X) (21) 손군의 쾌보를 듣고 기뻐하는 양정교보 교장(X)과 교무주임(O)과 제 선생. (22) 손군 남승룡군(우)과 같이 백림에 가서 활약. (23) 손군을 길러낸 양정교보 교장 안종원씨. (24) 종습 후에 버드나무 아래에서 숨돌리는 씬-. (25) 1932년 4월18일 일본 동경-횡빈간 전 일본 중등 역전경주에 우승하고 입천비행장서 비행기를 타는 양정군 (X)는 제오구를 뛴 손군. (26) 백림 올림픽촌 식당에서 (X)손군 남군. (27) 손기정군은 뜀박질만하니까 아무것도 모르겠지? 그것은 빨간 거짓말 누구나 손군하고 이야기하여 보라 그의 상식이 풍부한데는 놀랠 것이다 군은 특히 [라디오]에 대해서는 친우 김봉수군과 같이 독서를 하여가며 실험까지 하며, 사진술도 연구한다. ◇사진은 독서에 열중하였든 손군.[19]

19   위의 신문, 1936년 8월 13일자 기사

『조선중앙일보』 일장기 말소 지면, 1936. 8. 13

무려 27매의 사진을 수집하여 두 페이지에 걸쳐 게재한 사상 초유의 화보 지면이었다. 『조선중앙일보』는 여기에서 그치지 않고 『동맹통신』이 배포한 마라톤 시상대의 사진을 입수해 이 날짜 조간 4면에 게재하면서, 손기정 선수의 가슴에 나타나 있는 일장기를 말소한 사진을 게재하기에 이르렀다.

『조선중앙일보』는 손기정 선수의 세계 제패 4일 후인 1936년 8월 13일, 조간 제4면에 시상대의 손 선수 사진을 4단 크기로 게재하면서 가슴에 나타난 일장기를 말소했다. 마라톤 우승대에 하퍼, 손기정·남승룡이 서 있고 하퍼가 수상하고 있는 장면의 사진이었다. '머리에 빛나는 월계관, 손에 굳게 잡힌 견묘목(樫苗木), 올림픽 최고 영예의 표창 받은 우리 손 선수'[20]라고 설명을 달고 손기정 선수의 가슴에 부착된 일장기를 교묘히 지워 버렸다. 사진 자체가 전송사진이었기 때문에 상태가 선명하지 못한 데다 인쇄마저 좋지 않아서 일제의 검열관도 말소 사실을 발견하지 못하고 넘어갔다고 알려져 있다.

그 후 일경이 8월 25일자 『동아일보』의 일장기 말소 사건을 수사하면서 8월 13일자 『조선중앙일보』의 일장기 말소 사건도 함께 수사하게 되었다. 처음에는 전송상태가 좋지 않은 터에 인쇄도 나빠서 그렇게 되었을 것이라고 생각했으나, 결국 기자들에 의해 의도적으로 일장기가 말소되었음이 밝혀지게 된 것이다. 결국 8월 30일 일장기 말소에 관련된 『조선중앙일보』 체육부 기자 유해붕과 권태완, 김경석 등 사진기자 세 명이 경기도 경찰부에 구인되었다.[21]

경영진들은 일장기 말소 사실은 전혀 모르고 있다가 8월 30일 기자들이 연행되고 수사가 본격화되면서 일장기 말소 사실을 알게 되었다. 처음에는 극력 부인하던 태도를 바꾸어 일정 기간 동안 휴간 의사를 밝혔으

20   위의 신문, 1936년 8월 13일자 제4면 기사

21   2001년 3월 옛 경기도 경찰부 유치장이 있던 광화문 열린 시민마당에서 필자와 가졌던 『朝鮮中央日報』 사진기자였던 김경석의 증언에 따른 것임.

나 총독부 당국은 이를 받아들이려고 하지 않았다. 결국 『조선중앙일보』
는 9월 14일 근신하는 뜻에서 당국의 처분이 내려질 때까지 휴간하겠다
는 사고를 내고 휴간에 들어갔다.

> 근고(謹告) 금회(今回) 동업(同業) 『동아일보』는 손(孫) 올림픽 우승
> 한 사진을 동지상(同紙上)에 제재함에 당(當)하여 일장기 마크를 기
> 술(技術)로써 말소하여 게재한 일이 판명되었기 때문에 발행정지처
> 분의 게재를 받음에 이르렀으나 여사(如斯)한 일은 실로 유감천만
> 사로 생각한다.
>
> 본사(本社)에서도 이러한 일은 전연 없으리라고 믿었으나 『동아일
> 보』 동양(同樣) 우(右) 손 선수의 일장기 마크를 말소하여 게재한
> 혐의가 농후하게 되어 드디어 관권이 발동되고 목하(目下) 사원(社
> 員) 수 명은 당국의 엄중한 취조를 받음에 이르렀음은 이는 실로
> 공구불감(恐懼不堪)의 소이(所以)이다.
>
> 이에 본사는 취조 결과의 판명을 기다려 기(其) 책임 소재를 규명
> 함은 물론이요, 당국의 처분이 내릴 때까지 근신하고자 금 오일(今
> 五日)자 조간부터 당분간 휴간한다. 다시 속간(續刊)되는 날에는 배
> 구(倍舊)의 애독(愛讀) 있으시기를 바람.
>
> 　　　　　쇼와(昭和) 11년 9월 4일, 조선중앙일보사.[22]

이 신문의 휴간 내막에 대해 『삼천리』 잡지는 다음과 같이 적고 있다.

『조선중앙일보』는 『동아일보』에 뒤지기 약 일주일 후인 구월 사일
에 태연히 일편(一片)의 사고(社告)를 지상(紙上)에 게재하고 그날
로부터 휴간하여 버렸다. 그 진상은 이러하다. 『동아일보』 사건을

38

22   위의 신문, 1936년 9월 4일 석간(제3059호)

머리에 빛나는 月桂冠、손에 굿게잡힌 櫻苗木

올림픽 最高榮譽의 表彰받은 우리 孫選手

(右는 우리 南昇龍選手、左는 二等한 하퍼選手)

손기정·남승룡 선수의 가슴에 나타난 일장기를 말소한 지면, 『조선중앙일보』 1936. 8. 13

취조하다가 보니까 『중앙일보』에 선(先)하기 약 십여 일인 팔월 십오일 지면에 역시 손 선수 흉간(胸間) 일장기를 약간 말소하여 지상에 내었다.

궤(軌)를 일허한다면 이대로 가다가는 당연히 『동아일보』모양으로 정간처분을 당하게 된 동사(同社)에서는 최후로 구월 사일 경무 당국의 맥을 살펴보아도 여망(餘望)이 없음으로 이에 결심하고 동야(同夜) 여(呂) 사장, 함 상무, 윤 편집국장, 영업국장 등 최고간부 회의를 열고 자진 휴간하기로 하였다. 그러나 이름은 이와 같이 자진 휴간이나 경무 당국의 양해가 없이는 발간치 못할 것이므로 사실상 정간에 불외(不外)한데 다만 정도(程度)가 경미하다 할 것이다. 동사(同社) 역(亦) 가령 1개월 이내의 휴간이라 할지라도 손해는 고원(高圓)을 불하(不下)할 것이다. 지금 사원(社員)은 전부 출사(出社)하여 역(亦) 근신의 뜻을 표하고 있는데 이제 아직도 경기도 경찰부에 구금되어 있는 사원은 사(四) 씨(氏)라 한다.

체육부원 유해붕, 사진부원 삼 명.[23]

『조선중앙일보』의 일장기 말소 사건 내막은 지금까지 사실을 적시한 정도에 그쳤을 뿐 어떤 과정을 거쳐 사진에 나타나 있는 일장기를 말소 했는지에 대해 구체적인 설명은 없었다. 『동맹통신』에서 전송된 사진이란 주장도 있고, 또 일본 『요미우리(讀賣)신문』에 게재된 사진이라는 경기도 경찰부 조사 보고도 있으나, 이것마저도 전혀 검증되어 있지 않은 실정이다.

당시 이 신문의 사진부 기자로 일장기 말소에 관여했던 김경석은 유해붕이 가져온 일장기가 말소된 손 선수의 전송사진을, 일장기가 지워진 사실을 알고도 동료와 같이 사진제판 작업을 했다고 다음과 같은 증언을 해 주었다.

23 「東亞日報 停刊 中央日報 休刊」 『三千里』 11월호 1936

『조선중앙일보』사옥은 종로타워(옛 화신백화점 자리)가 있는 서울 종로 네거리에서 공평동쪽으로 올라가다 보면 평화당 인쇄소 바로 건너편에 농협 건물로 쓰고 있는 붉은 벽돌 4층 건물이었다. 페인 트를 칠해서 잘 알아 볼 수 없으나 신문사 마크가 붙어 있고 아직도 옛날 모습을 간직하고 있는 이 건물이 『조선중앙일보』사옥으로, 근 무한 지 얼마 되지 않아 손기정이 베를린 올림픽에서 우승했는데 그의 가슴에 붙어 있는 일장기를 말소한 사건에 개입하게 되었다.

당시는 조·석간을 같이 발행하던 때라 조·석간반으로 나누어 근 무했으나, 사진부는 인원이 적으니까 몇 사람은 일찍 가는 대신 다 음 날 아침 일찍 출근하고, 조간 하는 사람은 밤 12시 넘어 귀가하 던 시절이었다.

사진부에는 부장으로 윤필구, 기자로는 권태완, 김복경, 조수가 한 사람 있었는데, 내가 마지막으로 사진부에 들어갔다. 당시는 취재 부 기자들도 그렇게 많지 않았으며 사진부원도 3명에서 4명, 많으 면 5명 정도였다.

그때 손기정의 올림픽 마라톤 우승 소식이 신문사에 알려지고 편집 국이 떠들석했다. 손기정이 우승했을 당시의 분위기는 요란했지만 좋은 감정이 아니었다. 조선 사람인데 제나라 구실을 못하고서 남 의 나라 기를 달고서 뛰었다고 해서 좋아하는 사람은 좋아하고, 욕 하는 사람 욕하고 그랬다. "남의 나라 기를 달고 열심히 해줬냐"고 그런 사람도 있었고, 또 "남의 나라 깃발이든 어쨌든 손기정이 조 선 사람 아니냐", "조선 사람 같으면 조선 태극기 같은 기를 달고 뛰어야 좋은데 일본 놈의 기를 달고서 기를 쓰고 뛰었다" 그런 여 러 가지 이야기들이 오갔다.

이러한 분위기 속에서 일장기를 말소하게 된 사건이 일어났다.

1936년 8월 12일 밤 9시경 체육부 기자인 유해붕이 손기정 우승 사진을 들고 시진부에 왔다. 손기정 선수의 수상대 사진은 5"×7" 보다 작고 4"×5"보다는 약간 큰 전송사진이었는데, 전송사진은 무슨 사진이나 이 정도의 크기였지 더 이상 크게 만들어 배포하지 않았다. 각 신문사에 제공하는 사진이나 기사는 전부 일본에 본사를 둔 『동맹통신』을 통해 배포되었으며, 유일한 통신사로 서울 소공동에 있었는데 전송이 들어오면 필름으로 받아 몇 십장씩 인화해 각 신문사에 배포했다.

전송상태가 좋지 않았던지 사진이 선명하지 못한데다 일장기를 부착한 가슴부분을 안료 같은 것으로 덧칠해서 일장기를 알아 볼 수 없었다. 유해붕이 그 사진을 주면서 "시간이 없으니 빨리 제판해 인쇄에 넘겨 달라"고 했다. 유해붕이 준 손기정 선수의 사진은 전송상태도 좋지 않았지만 붓으로 칠했으니까 일장기 지운 것을 금방 알 수 있었다. 나(김경석)하고, 권태완 둘이 있었는데(김복경이는 생각이 안난다.) 이상한 느낌이 들었지만 아무 얘기도 없이 보기만 했다. 손기정이 일본 대표로 나가 우승했으니까 당연히 일장기 나온 사진이어야 하는데 일장기 부분을 지운 사진이었다. 그러나 때가 정치적으로 상당히 예민하고, 한참 탄압이 심해 사상 관계에 대해서는 함부로 말도 못할 때여서, 일제에 거슬리는 기사나 사진을 게재할 때는 상대방하고 아무 말이 없더라도 서로 눈치로 알아서 일을 처리하던 때였다.

일장기를 말소한 사진이 제판 과정을 거쳐 인쇄되어 조간신문에 나갔다. 당시는 신문이 발행되면 총독부에서 검열을 했는데, 이것들이 처음에는 자세히 보지 않아 알지 못했던 것 같다. 총독부에서도 전송사진이니까 거뭇거뭇한 게 묻은 줄 알고 그대로 넘어간 거지. 신

문이 나가고 한 10여 일 후에 발각이 됐어. 그래서 난리가 났다.[24]

일장기 말소의 주역의 한 사람이었던 『조선중앙일보』의 유해붕 역시 다음과 같이 증언한 바 있다.

8월 14일 오후에 손군이 승리한 문제의 사진이 백림에서 일본 동경으로 전송되어 『대판조일(大阪朝日)신문』이 게재한 것을 일장 마크만을 말소하고 전사(傳寫) 발행하였으나 그 후 수일을 경과하도록 무사하였다. 약 일주일 후 정식 사진이 『동맹통신』을 통하여 온 것을 동업 『동아일보』는 역(亦) 우리와 같이 일장 마크를 말소하고 게재한 것을 발견 당하야 이길용 씨 외 6, 7명의 『동아일보』 기자 제씨가 경기도 경찰부에 피검되자 당시 『조선중앙일보』 체육부 기자로 있던 필자도 1주일 전에 이미 좀 명백치 못한 전송사진을 이용하였으나 일장 마-크 만은 말소하였으니 발견만 당하면 기필코 피검될 것을 각오하였다. 다만 문제는 어찌하면 희생자를 많이 내지 아니하고 필자 자신만 피검을 당하도록 할 것인가가 오히려 난사였다. 9월 1일 이슬비가 내리는 날 덕수궁으로 들어가 그 놈들의 물음에 어찌 대답할 것인가를 홀로 앉아 묵고하다가 신문사로 우산을 휘두르며 휘파람을 불며 태연한 빛을 보이며 들어가자 예측한 바와 같이 벌써 그곳에는 경기도 경찰부 조선 형사 수 명이 대기하고 있는 것을 발견하였다. 물론 끌려가 고문을 당하였다. 그네들은 「일장 마-크 말소」를 혼자 했다고는 믿지를 아니하는 것이었다. 어떻게 하든지 연관 관계자를 발견하려고 애를 쓰는 것이 보였다.
조선민족의식이란 깨알만큼도 없는 조선인 탈을 쓴 형사가 더욱 미웠다. 그때의 그 「개」들이 지금도 경관인 것을 볼 때는 더욱 증오의 감이 북솟아 때때로 참을 수 없을 때가 많다. 필자만 이러한 감정을 가지고는 있지 아니 할 것이다. 과거 해내 해외의 다수 혁명투사는 누구나 일제시대의 악질 경관의 숙청을 부르짖고 있는 것을 듣고 있다.[25]

25 柳海鵬, 「日章旗抹消하기까지」, 『朝鮮中央日報』 1947년 7월 1일자

남승룡 가슴의 사진까지
말소한 조선중앙일보

『조선중앙일보』는 지금까지 알려져 있는 것과 달리 손기정 선수에만 그친 것이 아니라 3등으로 입상한 남승룡 선수 가슴의 일장기까지 삭제했다. 그러나 지금까지 이러한 사실을 눈치챈 사람은 거의 없었다.

손·남 두 선수의 유니폼에 나타나 있는 일장기를 말소한 『조선중앙일보』 기자들의 거사 사건은, 당시에 1등한 손기정 선수에만 관심이 쏠려 3등 선수에 대해서는 전혀 관심을 갖지 않았고, 또 『동아일보』의 일장기 말소 사건에 압도되어 지금까지 제대로 평가되지 못했을 뿐만 아니라 그러한 사실이 있었는지조차 모르고 지내왔다.

물론 이 사건의 중심체인 『조선중앙일보』 자체가 무기휴간으로 표류하다가 폐간되고, 또 폐간된 이후 격동의 세월 속에 이 신문의 보존도 잘되지 않아 일반인들의 자료 이용이 어려웠던 점, 또 관련 기자들마저 이 사건에 대한 후문을 남기지 않았기 때문에 이 신문의 일장기 말소 사건은

남승룡 선수의 원본사진(좌)과 『조선중앙일보』의 일장기가 말소된 사진(우)

정당한 평가는 물론 사건 자체마저 오랫동안 관심의 핵에서 벗어나 버리고 말았다.

필자는 『조선중앙일보』의 일장기 말소 사진 원본과 말소된 지면을 서로 비교하면서, 인쇄가 선명하지 못하다고 해서 무관심하게 지나쳤던 지면을 면밀하게 검토할 수 있는 기회를 가졌다. "머리에 빛나는 월계관, 손에 굳게 잡힌 견묘목(樫苗木) 올림픽 최고 영예의 표창 받은 우리 손 선수(우는 우리 남승룡 선수 좌는 2등한 하퍼 선수)"라고 설명을 붙인 시상대의 손기정 · 남승룡 선수의 사진이 4단 크기로(당시의 『조선중앙일보』는 13단제를 채택하고 있었다.) 게재되어 있었다. 일반적으로 알려진 것처럼 전송상태 탓으로 돌려 일장기 말소를 알아 볼 수 없었다는 논의들이 어디에서 나왔는가를 확인하기 위해서였다.

이 신문에 게재된 문제의 사진은 피사체의 선수들이 흰 유니폼을 입고 있어 화면의 대부분이 흰색으로 되어 있기 때문에, 당시의 전송 기술 수준으로는 흰 화상 부분의 재현에 문제가 있었지만 검정 부분 재현에는 큰 문제가 없었다. 일장기를 말소하기 전의 당시 전송사진을 구해 볼 수 없지만, 원본 사진에서 볼 수 있는 것처럼 머리 부분과 감람 묘목, 시상자의 등에 그려진 선, 일장기 등의 검정 부분은 흰색에 대비되어 선명하게 나타났다. 그리고 이 신문의 인쇄 상태가 선명하지 못한 것은 사실이지만 손기정 · 남승룡 두 선수의 모습은 분명하게 재현된 검정 부분으로 해서 어느 정도 알아 볼 수 있다.

특히 일장기 표식은 붉은 색으로 그려져 있는데 당시의 감광판인 건판은 붉은 색인 경우, 짙은 검정색으로 찍혀지기 때문에 화면상에 검정색으로 선명하게 나타났다. 그리고 전송과 인쇄과정에서도 다른 흰 부분은 잘 알아 볼 수 없고 화상의 구별도 어렵지만 일장기 표식 부분은 선명한 검정색으로 재현되어 있었기 때문에 흰 바탕의 검정 마크는 오히려 더 선명하게 나타나게 된다.

　이런저런 문제들을 검토하면서 『조선중앙일보』의 일장기 말소 사건은 손기정 선수뿐만 아니라 남승룡 선수의 가슴에 나타난 일장기까지 지워버린 대대적인 말소 사건이었다는 새로운 사실을 발견하게 되었다.

　필자는 『조선중앙일보』에 게재된 전송사진과 원본사진을 입수해, 신문에 게재된 사진과 원본사진 중의 남승룡 선수만을 컴퓨터에서 확대, 비교하여 이 사실에 대한 확인 작업을 해보았다. 사진에서 볼 수 있는 것처럼, 남승룡 선수의 가슴에 나타난 일장기 표식은 고의로 말소된 흔적이 확연히 드러났다. 항간에 알려진 것처럼 인쇄가 선명하지 못하다든지, 전송사진이기 때문에 잘 알아 볼 수 없다는 지금까지의 주장은 사실과 전혀 달랐다.

　또 이 사진을 유해붕 기자로부터 받아 직접 사진제판을 했던 당시의 사진부 김경석 기자도 "손기정 선수는 물론 남승룡 선수의 가슴에도 일장기를 화이트라는 그림물감으로 알아 볼 수 없이 지워버렸다."고 하면서, "이 사건이 일어나고 경찰에 불려 갔을 때도 손기정 선수의 가슴에 표시된 일장기만을 추궁했지, 남승룡 선수의 가슴에 나타난 일장기를 어떻게 했느냐고 추궁한 적은 한 번도 없었다."[26]고 했다.

　그러니까, 일본 경찰은 인쇄 상태가 좋지 않아 말소 사실을 인지하지 못한 것이 아니라, 사진 전송에 대한 지식이 전무했기 때문에 처음부터 잘 파악하지 못했다. 『동아일보』 일장기 말소 사건 이후에 『조선중앙일보』 일장기 말소 사건을 인지하고 기자들을 구인해 조사하면서도 1등한 손기정 선수에만 한정시켜 조사하고 남승룡 선수의 가슴에 난 일장기까지는 생각하지 못했던 것이다.

26　위의 김경석 증언

동아일보의 일장기 말소 사건

손기정·남승룡, 두 선수의 마라톤 세계 제패 소식이 전해진 그날부터 민중들의 열광적인 환영과 민간지들의 열띤 지면 제작 및 사업 계획 발표 등은 눈덩이처럼 갈수록 불어났다. 승전보가 전해진 15일이 지난 8월 23일 『동아일보』는 또다시 베를린 올림픽 대회의 기록영화를 긴급 입수해 일반에게 무료로 공개한다는 사고(社告)를 게재했다.

이제야 올림픽의 막은 그쳤다. 그 설비와 규모에 있어서도 공전(空前)하였다. 그러나 인류 이십이 억의 선두를 달린 우리의 손(孫), 남(南) 두 용사의 역사적 제패 전을 보고 온 자 누구며, 또 영예의 월계관을 싸워 얻은 뭇 선수들의 씩씩한 거동을 보고 온 자는 몇몇이더냐. 혹은 전파가 소리를 전하였고, 활자가 기록을 말하였다 할지라도 그 성전(聖戰)의 쾌절장절(快絕壯絕)한 실경(實景)을 보지 못한 것은 한 큰 한사(恨事)라 할 수밖에 없다.[27]

27 『東亞日報』 1936년 8월 23일자 기사

올림픽 실황 기록영화 무료 상영에 대한 『동아일보』의 사고는 독자들에게 올림픽 마라톤의 세계 제패의 열광을 또 다시 상기시켜 주었다. 제11회 베를린 올림픽 대회 기록영화는 일본 오사카 아사히(朝日)신문사가 제작한 것으로, 8월 26일부터 부민관에서 상영하기로 확정했다.

이와 관련해 이 신문은 「백림 올림픽대회 영화 명일 오전부터 봉절(封切), 시내 부민관에서 3일간 9회 영사 / 본보 독자께 무료 공개」라는 제목으로 베를린 올림픽의 광대한 규모와 화려한 설비는 물론 우리 선수들의 그 씩씩한 광경 등 이 대회의 전적모용(全的貌容)을 실사한 영화를 입수해 무료로 상영한다는 것과, 이 영화 상영에 따른 장소와 상영 시간, 관람할 때의 주의 사항 등을 다음과 같이 2면 상단에 게재했다.

백림 올림픽은 우리의 조선 마라손 왕을 알리고 막을 닫힌지 벌써 1주일이 지났다.

이 대회에서 얻은바 기록과 알려진 바 쪼각쪼각의 소식은 혹은 전파로 통하야 혹은 활자를 통하야 섬푸럿하게 듣고 읽어보았지만 이 대회의 광대한 규모 또 화려한 설비, 이 성전에서 뛰고 싸우던 우리 용사들의 그 씩씩한 광경은 아직도 우리 눈앞에 나타난 적이 없었다.

본사에서는 사고(社告)로써 발표한 바와 같이 이에 느낀 바 있어 그 동안 이 성전의 시종을 엮은 전편실사영화(全篇實寫映畵)를 손에 넣게 되어 이제야말로 이 대회의 전적모용(全的貌容)를 만천하 독자 앞에 내보이어 감격과 기쁨을 함께 나누게 되었다.

이에 앞으로 전조선 각지방에 순회실사를 하려니와 우선 경성(京城) 시내에서는 다음과 같은 일정과 장소에서 3일 동안에 무릇 9회에 긍하여 본보 애독자에게 무료로 공개하게 되었다.[28]

28 위의 신문 1936년 8월 25일자

『동아일보』는 8월 25일자 제2면, 위의 기사 바로 옆에 손기정 선수가 시상대에 서 있는 모습과 마라톤 문을 나와 힘차게 달리는 두 장의 새로운 사진을 함께 게재했다. 1판에는 손기정 선수의 유니폼에 일장기가 그대로 남아 있었으나, 2판에는 일장기를 지운 사진을 게재했다.

사진 설명문은 "【상】머리엔 월계관, 두 손엔 감람수(橄欖樹)의 화분(花盆)! 마라톤 우승자 우리 용사 손기정 군 【하】마라손 정문을 나서 용약 출발하는 손선수(×인)—지난 9일 세계 제패한 그 날"로 되어 있었다.

일장기를 지운 2판 신문이 시중에 배달되자 총독부는 일장기 말소 사진을 게재한 『동아일보』의 발매·배포를 즉시 금지시키고 의례적으로 경기도 경찰부의 형사대를 파견, 진상 조사에 착수하는 한편 관련자들을 연행했다. 고등계 형사들은 『동아일보』 사진부를 제일 먼저 수색하고, 가필한 사진과 사진 제판의 원판을 압수했다. 한편 일경은 이 신문사 삼층에 있던 사진부 제판실에서 손기정 선수의 사진을 일장기가 선명히 나오도록 다시 제판해 제3판 석간신문에 인쇄하도록 강요했다.[29]

편집국 사진부를 수색한 경기도 경찰부 고등계 형사들은 임병철(林炳哲) 편집 책임자, 백운선(白雲善) 사진부 기자를 연행했다. 다음날 8월 26일에는 편집자 장용서(張龍瑞), 사회부장 현진건(玄鎭健), 운동부 이길용(李吉用), 화백 이상범(李象範), 사진부장 신낙균, 사진부 서영호와 송덕수 기자도 연행했다. 또 일장기를 말소한 동판을 『신동아』에 사용했다는 책임을 물어 잡지부장 최승만(崔承萬)까지 연행, 수감했다.

'사진 이미지의 일부 삭제'라는 전무후무한 보도로 인해 『동아일보』는 무기정간처분을 당했으며, 많은 관련 인사들이 연행·투옥되는 등 대사건으로 비화되었다. 그렇지 않아도 손기정 선수의 마라톤 세계 제패로 인해 민족의식에 대한 감정이 걷잡을 수 없이 높아지자 총독부 경무국은 축하회, 연설회, 기념체육관 건립 등을 금지하고 손기정 선수의 찬양 일

29 李象範, 「日章旗 抹消事件, 二十年 前의 回顧記」, 『東亞日報』 1956. 8. 17~22

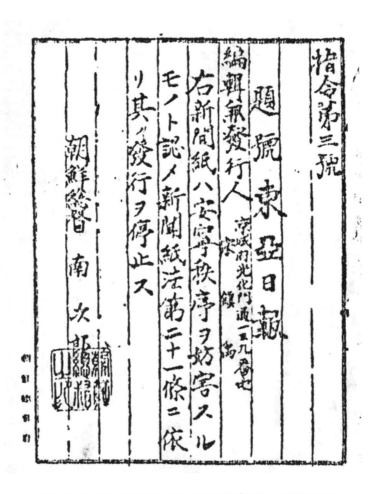

일장기 말소를 이유로 무기정간에 처한 조선총독부의 『동아일보』 발행정지 지령

색에 대한 신문 논조에 제동을 가하던 차였다. 각 민간지의 편집 책임자를 격일에 한 번씩 소환하여 마라톤 열기를 가라앉히기 위해 주의와 경고로 위협을 가하던 때에 일장기 말소 사건이 일어났다.

고문으로 지새운 동아일보
기자들의 33일

일장기 말소 사건에 연류된 기자들이 연행된 곳은 경기도 경찰부(경복궁 건너편에 있었으나, 지금은 헐리고 광화문 열린 시민마당이 조성되어 있다.) 유치장은 일장기 말소 사건에 연류된 『조선중앙일보』와 『동아일보』 기자들로 초만원을 이루었다.

일본 경찰은 두 신문사의 기자들을 연행해 온갖 폭행과 고문을 가하면서 사진 수정과 게재 경위, 사진 수정이 사장과 주필이나 편집국장 등의 직접 지시에 의한 것이 아닌가, 공산당과의 관련 여부, 일장기 말소의 목적이 무엇인지 등을 밝히려 했다. 특히 차제에 민간지들을 폐간시키려는 의도에서 사장이나 주필, 편집국장 등의 지시에 따라 일장기를 말소하지 않았느냐는 부분에 대해서 끈질기게 추궁했다.

일인들이 신주처럼 숭배하던 일장기를 피지배 국가의 신문기자들이 지워 버린 사건은 일본 민족의 감정까지 자극해, 연행된 기자들에 대한 조사는 처음부터 고문과 폭행으로 시작되었다. 경기도 경찰부에서 일경들이 가했던 고문과 박해가 어느 정도였던가에 대해 『조선중앙일보』의 김경석은 물고문까지 당했다고 다음과 같은 증언을 해 주었다.

『동아일보』 사건이 터진 게 8월 25일인데, 한 보름 후에야 알게 되었다. 그날 저녁 11시 지나 시내판 제작이 끝날 무렵에 형사들이 온 것이, 처음엔 형산지 뭔지 몰랐다. "종로서에서 왔다"고 선 "잠깐 물어볼 얘기가 있으니까 좀 갑시다." 이러고 가자고 했다. 4명인가 붙잡아 갔는데, 나하고 권태완, 유해붕 그리고 한 명은 김복경인가 확실하지 않다.

처음에는 잡아 간 것이 아니라, 사복한 순사가 찾아 와서 "아, 며칠 날 근무했죠, 밤에 야근하셨지요."라고 사복한 조선 놈 순사가 우리말로 해서 그랬다고 대답했더니 "같이 좀 가십시다"라고 해서 우리는 좀 무심하게 그냥 뭘 좀 알아보려고 그런가 보다 하고 아무것도 챙기지 않고 그냥 쫓아갔다. 경기도 경찰부에 따라갔더니 하는 말이 "서류가 좀 덜 되었으니 가서 조금만 기다리라"고 하면서 유치장에 집어넣어 버렸다. 지금은 헐리고 없는 중앙청 바로 앞 광화문 열린 시민마당이 바로 옛 경기도 경찰부가 있던 곳인데, 이곳 유치장은 사상범 등을 잡아 가둬놓고 취조하던 곳이었다. 몇 호는 기억이 나지 않는데 유치장 창살은 나무로 되어 있었다.

감방에 밀어 넣으면서, "여기 좀 들어가 계시죠. 일이 있으면 부를 테니까." 그리고 그만이다. 일주일 내내 내버려두고 사식 같은 것도 처음엔 없었다. 일체 외부사람 면회도 안 되고. 경찰부 사람만 몇 사람 왔다 갔다 하는 것만 보이지, 일주일 동안은 일체 물어보지 않았다. 그러다 일주일 지나니까 와서 말을 걸었다.

끌려간 지 일주일 후에야 심문이 시작되는데, 그때 고문이라는 것을 처음 알았다. 물고문을 하는데, 손발을 긴 의자에 묶은 다음 가제를 입과 코에 덮고 주전자로 물을 붓는데. 그러니 얼마나 고통스러워요,

－당시의 기억을 더듬어 증언을 하다가 목매여 눈물을 흘리면서 말을 못 잇는다.－

물고문을 하면서 왜 했느냐, 누가 시켜서 한 일이냐, 일장기를 어떻게 지웠느냐, 누가 지웠느냐에 대한 취조였다. 배후를 캐려고 물고문을 하고 몽둥이로 때리면서 취조를 했다. "똑바로. 바른대로 안해." 하고 냅다 소리를 지르면서. "누구한테 지시 받은 일 없어? 거짓말 말라고. 누가 시켜 했느냐고." 그러니 이쪽도 감정이 나지. 그런 사람 없다고 하면 을러대고 고문을 하곤 그랬다.

감방에는 한 사람씩 따로따로 집어넣고 취조도 한 사람씩 따로따로 했다. 취조할 때는 일본 사람 조선 사람 두 사람이 붙어서 했다. 조선 사람 혼자는 취조를 안 시켰다. 물고문 외에 몽둥이로 맞는 것은 보통이었다. 고문 의자에 팔 다리를 뒤로 묶고 물을 부으면 기절하게 되는데, 얼마 있다가 다시 하고 한 1주일간 지독한 고문을 한 후에는 다시 집어놓고, 아마 한 달 이상 유치장에 갇혀 있었던 것 같다. 유해붕이는 주모자로 해서 메 달리고 갖은 고문을 다 당했다고 했다.[30]

당시 『동아일보』 화백으로 일장기 말소에 관여했던 이상범도 자신뿐만 아니라 연행 기자들 대부분이 물고문은 물론 이놈 저놈의 발길에 죽게 채이고, 따귀맞기, 매미돌리기 등 갖은 악형을 다 당했다고 다음과 같은 증언을 남겼다.

30　위의 김경석 증언

그런데 이놈들이 우리를 취조하는데 처음에는 보통 하오 이후에 한 사람씩 취조실에 불러내서 수족(手足)을 결박하여 뺀취(의자, 필자 주)에 앉혀 놓고 놈들이 미리부터 꾸며 가진 취조요지를 읽어 가며 말소한 이유와 경로 또는 상층 간부가 지시한 것처럼 족닥거리는 것이었다. "이것 봐, 이 사건은 너의 사장, 주필, 편집국장 들이 사전에 지시·명령한 것이지?" 하면서 갖은 악형(惡刑)을 행하는 것이었다. 나는 원체 체약(體弱)해 보인 까닭인지 두 번 몹시 악형을 당한 뒤로는 큰 악형은 아니 받았으나 장용서, 이길용, 서영호 씨 등은 벌(罰)물(냉수를 네다섯 바께쓰를 마셨다는 것)도 켜고 격검(擊劍)대로 맞기도 하고 그놈들이 타고 올라앉아서 짓누르는 것도 당하고 이놈 저놈의 발길에 죽게 채이기도 하고 따귀맞기, 귀붙잡고 매미돌리기 등 갖은 악형을 당하였다. 요절(腰絶)할 일은, 일차 석방되었던 임병철 씨는, 임 씨의 인상이 음험하고 함북(咸北) 출신이고 또 묻는 말을 명랑하게 대답하지 않는다는 이유로 다시 잡아다 놓고 공산당과 무슨 연락(連絡)이나 있는 듯이 생트집을 하면서 상당히 악형을 하였다는 것이다.[31]

8월 27일 마지막으로 연행되었던 『동아일보』 사회부 운동 담당 이길용도 경기도 경찰부에서 당한 고초와 당시의 상황을 다음과 같이 쓰고 있다.

그러나 그보다도 두고두고 또 죽어도 잊지 못할 중대사(重大事)는 아까 말한 1936년 베를린 올림픽 마라톤의 '일장기 말소 사건' 그 것이다. 사건이라기보다는 어마어마한 일대 사변이니 『동아일보』란 크나큰 기관(機關)의 문(門)이 닫혀졌고 날마다 중압 속에서일망정

31   李象範, 위의 글

왜정(倭政)의 그 눈초리를 받아 가면서도 조석(朝夕)으로 그렇게도 우렁차게 활기있게 굴던 윤전기가 이름없이 멈춰 녹슬고 있으며 사진반의 백운선 그리고 사진부의 서영호, 당시 사회면 편집자 장용서, 고(故) 임병철, 사진부장 신낙균, 화백 이상범 제동지(諸同志)가 차례차례로 경기도 경찰부에 피검(被檢)되고 이날 하오부터는 애꿎은 비조차 퍼붓는 석양(夕陽)에 마지막으로 내가 잡혀갔으며 익일(翌日)에는 당시 사회부장인 고 현진건 형이 잡혀들어갔고 그 후로 신문에 실렸던 동판을 그대로 『신동아』지에 실었다고 해서 당시 동지(同誌)의 편집책임자 최승만 형과 동지 사진반 송덕수 씨까지 잡혀들어오니 단 여섯 방밖에 없는 경찰부 유치장은 대거(大擧) 십 명의 사우로서 난데없는 매의 합숙소가 되었던 것이다. 이 어찌 끔찍끔찍한 일대 변사가 아니랴.

방의 배치는 가운데를 턱 막아 놓고 서 일방(西一房)에 현진건, 서 이방(西二房)에 필자(筆者, 이길용을 말함)와 임병철, 서 삼방(西三房)에 서영호, 동 일방(東一房)에 백운선, 신낙균, 동 이방(東二房)에는 이상범, 최승만, 송덕수, 동 삼방(東三房)에는 장용서―이러하다.[32]

(…)익 이십오일(翌二十五日) 이른 아침부터 서두(書頭)에 말한 차례로 잡혀들어가니 도합(都合) 십 명, 그들의 고문은 사(社)의 방침이 그러하지 않느냐는 둥, 고인(故人)된 고하(古下) 송 사장이 시킨 것이 아니냐는 둥, 김준연(金俊淵) 주필이 그렇게 시키지 않았느냐는 둥, 그러면 네 혼자의 의사(意思)이었느냐에 집주(集注)해서 고문은 연일연발(連日連發)이었다.[33]

당시 『동아일보』 사진부 기자로 일장기 말소와 관련해 경기도 경찰

58 ▬▬

32 李吉用, 「世界的 勝利와 民族的 義憤의 衝擊, 所謂 日章旗 抹消事件」, 『新聞記者手帖』, 모던출판사, 1948, p.8

33 李吉用, 위의 글

부에 연행된 백운선도 얼마나 혹독한 고문을 당했는지, 지금도 몸이 떨리는 공포감을 억제할 수 없으며 사진기자 생활 20년 가운데 처음이었다고 다음과 같은 증언을 남겼다.

> (…) 사지가 멀쩡한 나의 몸에 쇠(鐵)사슬이 칭칭 얽이여 잔인한 고문의 지옥 생활에 발버둥치던 실로 몸서리치는 저-일장기 말소 사건…. 손기정 군이 세계 마라톤에서 일위의 영광을 획득하였을 때에 그의 보도사진에 일장기를 말살하였다는 죄(?)로 당시 『동아일보』 간부들과 함께 구금되었을 때의 혹독한 고문 취조야말로 생각하면 지금도 몸이 떨리는 공포감을 억제할 수가 없다.
> 내 나라 내 민족이 세계 제패를 하였다는 역사적 보도를 담당한 나의 의무가 어찌 크지 않았으랴. 내 카메라 생활 20년 가운데 이러한 악한 쓰라린 경험은 아마 처음이었을 것이다.[34]

일본 경찰의 잔악한 고문으로 구속된 기자들의 육체는 피투성이가 되었으나, 경찰들이 밝히려고 했던 일장기 말소의 배후에 대해서는 어느 것도 입증할 수 없었다. 기자들 스스로의 발의에 의해 이뤄진 사건이었기 때문이다. 그럼에도 일경은 일장기 말소를 경영층과 연계시키려 시도하기도 하고 공산당 세력에 의해, 또는 독립운동 차원에서 거사한 것처럼 조작하기 위해 구속 기간까지 연장해 철창에 가두어 두고 온갖 고문으로 언론 말살을 획책했다.

그러나 그들의 흉계는 마지막에 법률적인 문제에서 제동이 걸리고 말았다. 경성지방법원 검사회의에서 일장기를 말소한 용의자들을 처벌할 수 있는 적용 법률을 논의했으나, 당시의 일본 형법에는 외국 국기를 모독한 행위에 대한 처벌 규정은 있었지만 일장기를 모독한 행위에 대해서

---

34 白雲善, 「사진반 기자 눈물의 기록 카메라와 나」, 『新聞記者手帖』, 모던출판사, 1948.

는 처벌 규정이 없었다. 따라서 검사회의는 전원 석방해야 한다는 결론으로 형사소추는 불가능하다고 결론을 내리게 되었다.

그런 이유 외에 조선총독부와 일본 정부의 관계자들 사이에 처벌 수위를 논의했다는 주장도 있는데, 김경석의 증언처럼 조선인의 감정을 자극해 3·1독립만세 운동과 같은 대사건을 미연에 방지하기 위한 내막도 있었던 것 같다.

우리가 경찰부에 들어가 있는 동안에 있었던 얘기들은, 이것을 크게 보려면 한이 없다. 그래서 그땐 정무총감이 있었는데, 그 사람이 일본까지 갔다 왔다고 했다. 일본 정부의 지시를 받고 왔는데, 이것을 섣불리 건들었다가는 큰일 나겠다. 민족 동요가 일어나기 쉬우니까 크게 벌리면 조선하고 괜히 감정들만 일으키게 되니 크게 취급하지 말아라 이렇게 지시를 받았다고 했다. 일본에서는 이 일은 크게 말하면 대역죄인데. 그렇게 하면 조선인의 감정을 건드리는 일이니 크게 확대하지 말자, 그래서 관대하게 처분해야 이후에 시끄럽지 않게 된다고 해서 관대하게 처분하게 되었다고 했다. 이렇게 결정짓는 게 그렇게 오래 걸렸다고. 한 달 만에 풀어 주었다.[35]

1936년 9월 26일 오후 3시 일장기 말소 사건의 관련자들은 경찰부 고등과장 오카ㅇ(岡ㅇ) 씨의 일장훈시를 듣고 만 33일 만에 풀려났다. 일제가 작성한 언론계에 관여하지 않겠다는 서약서에 서명한 이들은 언론계에서의 추방과 다름없는 가혹한 처벌을 받았다.[36]

35   위의 김경석 증언

36   「東亞日報社史」(1975년 발행)에는 "一. 언론기관에 일체 관여하지 말 것, 一. 시말서를 쓸 것, 一. 만일에 또 다른 운동이 있을 때에는 이번 사건의 책임에 가중하여 처벌받을 것을 각오할 것 등에 대한 서약서를 쓴 다음에 석방되었다"고 했다.

3장

일장기 말소 사진의 원본은 어디에서 온 것인가

조선중앙일보 일장기 말소
사진의 출처

일장기 말소 사건은 기자들의 저항정신만 강조되었을 뿐 아직도 사진의 출처 등 불분명한 사실에 대해 연구가 제대로 이뤄지지 못했다. 사진 출처에 대한 불분명한 기록은 『조선중앙일보』나 『동아일보』도 마찬가지이다. 『조선중앙일보』 1936년 8월 13일자 4면에 "머리에 빛나는 월계관, 손에 굳게 잡힌 견묘목(樫苗木), 올림픽 최고 영예의 표창받은 우리 손 선수"라는 설명이 붙은 사진을 게재했다. 이 사진은 같은 날 타지에도 보도됐지만, 『조선중앙일보』는 손기정 선수의 가슴에 나타난 일장기를 말소했다.

이 일장기 말소 지면은 총독부 검열 당국도 눈치채지 못했고, 대부분의 독자들도 잘 알지 못했다. 이것은 인쇄상태가 좋지 않아 일장기를 말소한 흔적이 뚜렷이 나타나지 않았기 때문이라고 알려져 왔다. 그러나 자세히 들여다보면 금방 알아 볼 수 있는데도 이렇게 알려져 온 것은 차마 이런 엄청난 일을 기도했으랴 하는 생각 때문이었을 것이다.

그 중에서도 말소 사건의 사진 출처에 대해서는 『동아일보』와 마찬가지로 사실과 다르게 기록되어 있다. 단기일민(檀箕逸民)은 「정·휴간 중인 『동아일보』와 『조선중앙일보』는 어떻게 될 것인가」라는 글에서 일본 『요미우리(讀賣)신문』이 게재한 전송사진이라고 했다.

소위 말소 사진이란 것은 8월 13일자 동 신문 조간 제4면에 4단 크기로 게재되어 있기는 하나, 다행히도 뭐가 뭔지 확실치 않았다. 긴요한 손 선수나 남 선수의 용모조차 마치 말소한 듯한 몽롱한 사진이었기 때문에 그 대단한 당국도 그것을 알아차리지 못했으며 일반인도 잘 알아차리지 못했다. 『동아일보』의 문제만 일어나지 않았다면 말소한 당사자인 수 명 외에는 전혀 모르고 끝났을 것이나, 하늘의 명령인지 불행히도 동아의 문제가 돌발해 일말의 혐의를 받게 되었다. 관계 직원 수 명의 인치를 보게 되었으므로, 동사 간부는 당황하여 허둥지둥 선후책을 강구하여, 휴간을 단행하게 되었던 것인데, 『조선중앙일보』는 『독매(讀賣)신문』 게재의 전송사진을 『동아일보』와 마찬가지로 기술을 가지고 고의로 말소하였다는 것이 그들의 자백으로 판명되었다.[37]

단기일민이 말하는 『요미우리신문』 게재 전송 사진은 중앙에 손기정 선수, 오른쪽에 남승룡 선수가 시상을 기다리고 있고 영국의 하퍼 선수가 수상하고 있는 장면이다. 『조선중앙일보』는 이 사진을 8월 13일자 조간 제4면에 게재하면서 손기정 선수의 가슴에 표시된 일장기는 물론 남승룡 선수의 가슴에 찍힌 일장기까지 말소해 게재했다.

그리고 여타 신문, 『동아일보』도 8월 13일자에 7면에 「지상천하에

64

37   檀箕逸民, 위의 글

넘치는 제패의 의기/손남 양웅이 감람수 월계관 쓰기까지의 분전도」라는 제목으로 5장의 사진을 게재했는데 그 중에 '월계관 쓰고 표창대 위에 오른 손기정군' 이란 사진 설명을 붙여 게재했다. 또 일본 신문들은 이 사진을 8월 12일에 베를린 『동맹통신』 특파원이 보낸 무선전송 사진을 게재했다. 손기정 선수의 마라톤 제패 후 수상대에 오른 장면의 사진은 이것이 최초로 입수된 것이었다.

또 이와 관련하여 『조선중앙일보』 일장기 말소 사건에 직접 관여했던 이 신문 사진기자였던 김경석은 『동맹통신』 경성지사에서 밤 9시경에 배포한 전송사진이라고 다음과 같이 증언했다.

> 1936년 8월 12일 밤 9시경 체육부 기자인 유해붕이 손기정 우승 사진을 들고 사진부에 왔다. 손기정 선수의 수상대 사진은 5"×7" 보다 작고 4"×5"보다는 약간 큰 전송사진이었는데, 전송사진은 무슨 사진이나 이 정도의 크기였지 더 이상 크게 만들어 배포하지 않았다. 각 신문사에 제공하는 사진이나 기사는 전부 일본에 본사를 둔 『동맹통신』을 통해 배포되었으며, 유일한 통신사로 서울 소공동에 있었는데, 전송이 들어오면 필름으로 받아 몇 십장씩 인화해 각 신문사에 배포했다.
>
> 전송상태가 좋지 않았던지 사진이 선명하지 못한데다 일장기를 부착한 가슴부분을 안료 같은 것으로 덧칠해서 일장기를 알아 볼 수 없었다. 유해붕이 그 사진을 주면서 "시간이 없으니 빨리 제판 해 인쇄에 넘겨 달라"고 했다. 유해붕이 준 손기정 선수의 사진은 전송상태도 좋지 않았지만 붓으로 칠했으니까 일장기 지운 것을 금방 알 수 있었다.[38]

38 위의 김경석 증언

역시 『조선중앙일보』의 일장기 말소의 주역이었던 이 신문의 체육부 기자 유해붕은 사진의 출처에 대해, "베를린에서 일본 동경으로 전송되어 『오사카 아사히(朝日)신문』이 게재한 사진"이라고 했다가, 글의 말미에서는 "명백치 못한 전송사진을 이용해 일장기를 말소했다"고 다음과 같은 글을 남겼다.

8월 14일 오후에 손군이 승리한 문제의 사진이 백림(伯林)에서 일본 동경으로 전송되어 『대판조일(大阪朝日)신문』이 게재한 것을 일장 마-크 만을 말소하고 전사(傳寫) 발행하였으나 그 후 수일을 경과하도록 무사하였다. 약 일주일 후 정식 사진이 『동맹통신』을 통하여 온 것을 동업 『동아일보』는 역(亦) 우리와 같이 일장 마-크를 말소하고 게재한 것을 발견 당하야 이길용씨 외 6, 7명의 『동아일보』 기자 제씨가 경기도 경찰부에 피검되자 당시 『조선중앙일보』 체육부 기자로 있던 필자도 1주일 전에 이미 좀 명백치 못한 전송사진을 이용하였으나, '일장 마-크'만은 말소하였으니 발견만 당하면 기필코 피검될 것을 각오하였다.[39]

위에서 본 것처럼 『조선중앙일보』 일장기 말소 사건의 사진 출처도 일본 『요미우리신문』 게재 전송사진, 『오사카 아사히신문』 게재 전송사진, 좀 명백치 못한 전송사진, 『동맹통신』 전송사진 등으로, 경기도 경찰부의 조사를 근거로 한 단기일민과 직접 일장기를 말소한 당사자, 또 이를 직접 사진제판했던 사진기자 등의 주장이 각각 다르다.

이 사진은 거슬러 올라가면 8월 11일 오전 1시 10분(한국시간) 『동맹통신』 특파원이 베를린 현지에서 무선 전송한 마라톤 시상식 사진으로, 12일자에 게재한 사진이었다. 특히 이 전송사진은 손기정 선수 우승의 표상

39 柳海鵬, 위의 글

『조선중앙일보』가 일장기를 말소하여 보도한 시상식 사진 원본.
이 사진은 『동맹통신』이 현지에서 무선전송했으며 『동아일보』도 이 사진을 보도했다.

이 되는 최초의 시상식 사진이었기 때문에 일본의 각 신문은 이 전송사진을 게재했던 것이다. 그리고 조선의 민간신문들은 그렇지 않아도 손기정 선수의 시상 장면 사진을 기다리던 차에 『동맹통신』에서 전송된 사진 또는 일본신문에 게재된 사진을 입수하자마자 곧바로 전재하게 되었을 것이다.

한편 『동맹통신』 전송사진이란 주장도 있는데, 이도 전혀 사실과 다르다고는 생각되지 않는다. 손기정 선수의 시상식 사진은 원래 『동맹통신』 특파원이 베를린 현지에서 취재한 사진을 동경본사에 전송한 것으로, 전송시설을 설치한 경성지국에도 동시에 이를 전송했을 가능성을 배제할 수 없기 때문이다. 이 신문의 사진기자로 당시 제판을 담당했던 김경석이 신문을 복사한 사진을 구분 못하고 전송사진이라고 증언했을 리 없다는 점도 가능성을 높여준다.

당시 이 사진을 게재한 서울 소재 신문은 일장기를 말소한 『조선중앙일보』와 『동아일보』 정도이며, 『조선일보』와 『매일신보』는 게재하지 않았다.

당시의 경찰조사 기록이나, 일장기 말소 당사자와 제판했던 사진기자 등의 주장이 제 각각이어서 『동맹통신』이 현지에서 보낸 무선전송사진을 받아 게재한 것인지, 또는 직접 배달된 전송사진인지는 불분명하다. 하지만 『동맹통신』 전송사진임은 명확하다. 문제는 국내 신문들이 사진을 게재하면서 출처를 명확히 밝히지 않은 데서 얽히고설키게 된 것이다.

동아일보 일장기 말소 사진의 출처

『동아일보』가 게재한 일장기 말소의 원본 사진의 출처 문제는 『조선중앙일보』보다 훨씬 더 복잡하게 얽혀 있다. 이 사건이 『동아일보』라는 대언론사와 관련되어 있기 때문에 이 사진출처에 대한 다양한 논의를 유발했을 수도 있고, 아울러 이와 관련해 사진의 출처도 다양하게 제시되었을 것으로 추정된다.

그러나 이 다양한 사진의 출처도 그 대상을 중심으로 주장들을 대별하면 일본 『아사히(朝日) 스포츠』, 『아사히(朝日) 그래프』 게재 사진, 기록영화의 스틸 사진, 『오사카 아사히(朝日)신문』 게재 사진 등이며 그 중에도 『오사카 아사히(朝日)신문』과 연관된 주장이 주류를 이루고 있다.

1. 오사카 아사히 신문사(大阪朝日新聞社) 발행 『아사히(朝日) 스포츠』 게재 사진설
 • 이상범의 「일장기 말소 사건, 이십년 전의 회고기」

(…) 문제의 이 사진은 당시 일본 대판조일신문사에서 발행한 주간 『조일스포츠』에 게재된 것으로서 손 선수가 머리에 월계관을 쓰고 두 손으로 감람수분(橄欖樹盆)을 들고 수상대 위에 올라선 것인데, 그 표표(漂漂)한 체구(體軀)에 유감스럽게도 그 흉부에 일장기 마크가 너무도 뚜렷하게 나타났던 것이다.[40]

• 장용서의 「일장기 말소 사건의 후문」
(…) 그 뒤에 알려진 얘기지만, 이 문제의 사진은 일본 『조일신문』이 주간한 『조일스포츠』지에 게재된 것인데 일반은 흔히 보지 않던 운동잡지인 만큼 이 사진이 여기에서 나온 것임은 아는 사람이 많지 않았다.
총독부 도서관 검열관도 그저 관심 않고 통과시켰던 것인데, 당시 경성부협의원─후방공단장인 조병상(曺秉相)이란 친일파가 발견하고 경기도 경찰부 고등과에 가서 "왜 저런 불온한 신문을 발행하게 놔두느냐"고 항의했다는 것이다. 그때의 친일파란 거개 이런 심보를 가지고 있었다.[41]

• 『동아일보사사』 1권 「일장기 말소 사건」
(…) 1936년 8월 25일자 본보(本報) 제2면에는 일본의 주간지 『조일스포츠』에 실렸던 월계관을 쓰고 수상대에 오른 손기정 선수의 사진을 전재(轉載)하였는데, 그 유니폼 가슴에 그려진 일장기를 교묘히 말소하여 실렸던 것이 끝내 소위 '일장기 말소 사건'으로 말썽을 빚어 본보 제4차 무기정간으로 번지게 되었던 것이다.[42]

40   李象範, 위의 글

41   張龍瑞, 위의 글

42   「日章旗末消事件」, 『東亞日報社史』 1권, 東亞日報社, 1975, p.364

- 『인촌 김성수전』「히노마루(日丸) 말소」

손기정의 현지 모습을 보여주는 사진다운 사진이 입수된 것은 경기 당일부터 10여 일이 지난 8월 하순, 일문 주간 『조일스포츠』에 실린 수상실황 사진이었다. 「히노마루」(日丸)라고 하는 일본 국기 표지를 가슴에 단 운동복의 손선수가 머리에 월계관을 쓰고 시상대에 선 이 사진이 『동아일보』 25일자 석간(24일 발간)에 전재되었는데, 1판에는 그대로 나와 있던 히노마루가 2판의 일부 신문에서는 지워져 손선수 가 아무 표지도 없는 순백 유니폼을 입은 것으로 나타난 것이다.[43]

- 시오타(潮田忠良)『일장기와 마라톤』

『동아일보』에 의거 일장기 말소 사건을 보면 손기정 선수가 마라톤 에서 우승한 지 16일이 지난 1936년 8월 25일 저녁이었다. 그날 아침 동지 체육부 주임기자 이길용(당시 37세)은 일본 오사카에서 경성부(京城府)의 집으로 갓 도착한 스포츠지에서 한 장의 사진을 오려냈다….

이 기자 자택이 있는 동대문구 성북동에 도착한 『조일스포츠』 최신 판 9월 1일호는 첫 페이지의 그라비아 양면에 '패자(覇者)에게 영 광 있으라.'라는 제목으로 편집되었다. 기사는 수영 8백 미터 릴레 이에서 우승한 일본의 네 선수, 수영 4백 미터 2, 3위 우토(鵜藤俊平搗), 마키노(牧野正藏) 등 아홉 장의 사진으로 구성되었다.

이 속에 마라톤 표창식의 사진도 있었다. 1위 손기정 선수가 이미 머리에 월계관을 쓰고 있고 이어 2위 영국의 하퍼가 같은 월계관을 독일 여성으로부터 수여받기 위해 허리를 굽히고 있다. 그리고 3위 로 일본의 남승룡이 손(孫)의 오른쪽에 부동자세로 서서 수상을 기 다리고 있다. 유니폼을 입은 채 긴장된 얼굴의 일본 러너의 가슴에

43   『仁村 金性洙傳』, 仁村紀念會, 1976 p.387

는 일장기 마크가 선명하게 나타나 있었다. 이 사진이 격주간지 『조일스포츠』에 마라톤 우승을 취급한 최초였다.… 이길용 기자가 그날 아침 회사에 출근하기 전에 긴장한 얼굴로 『조일스포츠』지에서 가위로 오려낸 사진이 바로 이것이었다.[44]

『오사카 아사히신문』 발행 『아사히 스포츠』 게재에 대해서는, 이 화보집이 스포츠 사진 중심의 잡지일 뿐만 아니라 현지에 자사 기자를 특파해 올림픽 특집 화보를 제작하고 있었기 때문에 일장기 말소 사진 출처의 가능성을 충분히 점쳐 볼 수 있는 매체라고도 할 수 있을 것이다.

그러나 많은 올림픽 경기 사진과 손기정 선수를 중심으로 한 마라톤 경기 사진이 게재되긴 했지만, 『동아일보』 일장기 말소에 사용된 사진과 같은 장면은 찾아 볼 수 없었다.

이를 확인하기 위해 먼저 오사카 아사히신문사에서 발행하던 주간 『아사히 스포츠』 게재 사진이라는 주장을 확인하기 위해 1936년 8월 15일과 9월 1일 『아사히 스포츠』의 올림픽 특집호를 입수해 검토해 보았다.

8월 15일자 발행 『아사히 스포츠』 지면에는 올림픽 마라톤 우승 관계 사진은 전혀 게재되지 않았다. 다만 손기정 선수가 21km 반환점에서 영국의 하퍼 선수를 제치고 선두에 나서는 순간의 현지 전송사진이 게재되어 있을 뿐이었다.

9월 1일 발행판 지면에는 마라톤 우승 선수들이 시상대에 서 있는 장면이 전송사진으로 게재되었다. 「패자에게 영광 있으라.」라는 제목 아래 양면 화보에는 손기정 선수의 수상이 끝나고 영국의 하퍼 선수가 월계관을 쓰기 위해 허리를 굽히고 있으며, 남승룡 선수가 수상을 기다리는 사진이 게재되어 있다. 이것이 마라톤 수상식 사진으로는 처음이었다.[45](이 사진은 『조선중앙일보』와 『동아일보』 8월 13일자에만 게재된 바 있다)

44 潮田忠良, 『日章旗とマラソン』, 日本 潮出版社, 1984, pp.343, 344

45 『朝日スポ츠』 日本 朝日新聞社 발행, 1936년 9월 1일호

이보다 조금 뒤늦게 발행된 『아사히 스포츠』 임시 증간호(1936년 9월 4일호)에는 마라톤 화보가 다양해진다. 『올림픽 사진화보』 제2집은 손기정 선수가 메인 스타디움에 달려 들어오는 사진이 첫 페이지를 장식하고 있다. 이어 뒷면 양 페이지에 「24년의 숙원 실현, 마라톤의 제패를 이루다」라는 타이틀로 손기정·남승룡, 하퍼 선수가 시상대에 서 있는 사진, 양 페이지에 걸쳐 히틀러 청년단의 축복 속에 퇴장하는 손기정 선수의 사진도 게재되어 있다. 그 다음 페이지에는 마라톤 출발, 마라톤 탑 아래를 통과해서 밖으로 달리는 주자들, 하퍼 선수와 어깨를 겨루고 달리는 손기정 선수·남승룡 선수의 레이스, 반환점에서 손기정 선수가 하퍼 선수를 앞서는 찰나, 일착으로 골인하는 손 선수, 시상식 후 스탠드 기자석에서 국제전화로 인터뷰하는 손·남 양 선수 등의 사진이 게재되어 있다. 이 열한 장의 사진들 중에서 마라톤 우승식 장면은 두 장뿐이다. 그것도 1, 2, 3위 세 선수의 우승자를 보여주는 것일 뿐, 손기정 선수만을 커트해서 사용한 것은 어느 페이지에서도 찾아볼 수 없었다. 일반적인 그래프지는 신문과는 달리 선수 개개인을 커트해서 사용하기도 하고 포토 스토리적인 편집을 하기 때문에 손기정 선수의 사진도 이런 점에서 그 가능성을 추론해 볼 수 있다.

그러나 일장기를 말소한 사진과 동일한 사진은 『아사히 스포츠』 8월 15일, 9월 1일, 임시 증간호는 물론 어느 호에도 게재된 적이 없었다. 따라서 오사카 아사히신문사 발행 『아사히 스포츠』 게재 사진이란 주장은 전혀 사실이 아니라는 점이 밝혀지게 되었다.

『아사히 스포츠』에 게재된 사진이란 주장 중에는 수상대의 사진을 오려서 사용했을 가능성에 대해서 언급한 부분도 있다. 다시 말하면 원래의 사진에서 손기정 선수만을 오려서 게재했다는 주장이다. 이를 뒷받침하기 위해 『아사히 스포츠』에 게재된 몇 장의 사진 중에 손기정 선수가 등장한 사진만을 골라『동아일보』게재 사진과 같은 이미지를 찾기 위해, 손 선수만을 커트하기도 하고 세 선수를 각각의 커트 사진으로 만들어 비교해 보았으나, 이것 역시 앵글이나 배경, 포즈 등에서 전혀 틀린 사진이 되고 말았다.

『아사히 스포츠』지는 스포츠 전문 그라프지이고, 또 현지에 자사 사진기자를 파견해 올림픽 특집 화보를 제작했기 때문에 손기정 선수 사신 출처로 충분히 점쳐 볼 수 있었을 것이다. 그러나 사실과는 다르게『동아일보』일장기 말소에서 볼 수 있는 그런 손기정 선수의 사진은 어디에도 게재되지 않았다.

2. 기록영화 스틸 사진설
• 김경옥「일장기를 지워라」
(…) 이 감격은 보도기관에서 더 확대되어 갔다. 손기정이 월계관을 쓴 사진을 얻지 못하여 초조했던 신문사에서는 필름이 단성사에서 상영된다는 소식을 듣자 갑자기 활기를 띠었다. 『동아일보』의 사회부장 현진건은 체육기자 이길용을 불렀다. "이길용 기자, 곧 단성사로 가 보시오. 그리고 어떻게 해서든지 손기정 선수의 사진을 얻어 오시오.", "알겠습니다, 현 부장. 곧 다녀오겠습니다." 현진건은 이렇게 이길용에게 손 선수의 사진 입수를 긴급 지시했다. 그리하여 이길용은 곧 단성사로 달려가서 영화 필름에서 손기정이 월계관을 쓰고 있는 것을 한 장 얻어 왔다. 사진부장 신낙균은 그것을 곧 프린트하도록 지시했다.[46]

• 『신문평론』「3 · 1 운동과 동아일보」
(…) 그해 8월 베를린에서 열린 제11차 올림픽대회가 기록영화를

74

46   金京鈺,「日章旗를 지워라」,『黎明 八十年』제5권, 創造社, 1964, pp.35~36

『오사카 아사히신문』에서 서울로 공수(空輸), 상영을 하게 되었는데 『동아일보』가 이것을 8월 24일자 지상에 소개, 보도하는 가운데, 동 대회에서 마라톤 경기에 세계 신기록으로 우승한 한인선수(韓人選手) 손기정의 실황사진을 게재하면서, 그 유니폼의 가슴에 달린 일본 국기 표식을 가필(加筆), 말소하였던 것이다.[47]

또 하나의 주장으로 제기된 올림픽 기록영화의 스틸 사진이란 주장은 올림픽 영화 상영과 관련해 그 출처 가능성을 언급한 일단의 주장들이라고 할 수 있을 것이다. 여기에서 스틸 사진이란 두 가지로 해석된다. 하나는 기록영화 촬영과정에서 촬영기록이나 선전용으로 영화 중의 중요 장면을 촬영해서 만든 사진을 생각해 볼 수 있고 또 하나는 기록영화 필름에서 사진으로 인화하는 방법을 생각할 수 있다. 영화 필름으로 직접 사진을 만드는 방법이나 영사 화면을 촬영해서 사진을 만든다고 해도 영상을 선명하게 만들기란 원래 불가능한 일이다. 영화는 사진과 달리 동작을 연속적으로 촬영한 장면을 스크린에 영사해서 전달하기 때문에 영화 필름이라고 해도 움직임의 연속일 수밖에 없다. 따라서 이것을 사진으로 인화할 때 정상적인 영상을 얻기란 불가능한 일이다. 또 영화 자체가 포지티브 필름으로 영사하기 때문에 영화 필름을 반전 과정을 거치지 않고, 그 자체로는 직접 인화하면 음영이 정반대로 된 이미지를 얻게 된다.

스틸 사진의 경우도 보통 영화에서는 카메라로 중요 장면을 촬영해서 선전이나 광고에 사용하고 있지만 기록영화의 경우, 특히 스포츠를 대상으로 하는 경우, 연출이 거의 불가능하기 때문에 영화의 한 장면처럼 동시성을 갖기란 불가능하다. 만약 영화의 기록과 스틸 사진을 별개로 했다면 문제는 다르겠지만, 이런 경우에는 스틸 사진의 영역을 벗어난 사진만의 문제라고 할 수 있다.

47   「三一運動과 東亞日報」, 『新聞評論』 2월호, 1966년, p.66

혹시 스틸 사진을 일장기 말소에 사용한 원본이라고 가정한다면, 그 스틸 사진은 영화를 제공한 영화사에서 제작해 배포하는 것이 관례였기 때문에, 이 영화를 제작한 오사카 아사히신문사가 영화 상영을 위해 필름을 인도할 때 스틸 사진도 인도했을 것으로 추정된다. 그럼에도 주최 측인 『동아일보』에서 상영 영화의 스틸 사진을 입수하기 위해 극장에까지 가서 소란을 피워야 했는지 납득이 되지 않는다.

그 외에도 올림픽 기록영화 상영이 부민관이 아니고 단성사라는 점, 영화가 최초로 상영된 8월 26일은 일장기 말소 사건이 일어난 다음 날이라는 점 등도 사실과 부합되지 않는 부분이다.

3. 『오사카 아사히신문』 게재 사진설
 • 모리타 후사오(森田芳夫) 「손(孫)선수의 마라톤 우승과 일장기 마크 말소 사건」

『동아일보』의 발행정지에 관한 다나카 전 경무국장의 말은 다음과 같다.

『동아일보』는 이번 발행정지 처분에 붙여졌습니다. 전일 베를린에서 개최된 세계 올림픽대회의 마라톤 경기에 우리 조선 출신의 손기정 군이 우승의 월계관을 차지한 것은 우리 일본 전체의 명예로서 내선(內鮮) 공히 크게 축하해야 할 일이며, 또한 내선융화의 밑거름으로 되어야 하는 것인 바, 적어도 이것이 역용되어 조금이라도 민족적 대립의 분위기를 유치하는 것과 같은 일이 있어서는 아니 되는 것입니다. 그런데 『동아일보』에 있어서는 종래부터 여러 차례 당국의 주의가 있었음에도 불구하고 8월 25일의 지상에 손기정 군의 사진을 게재하였습니다마는 그 사진에 선명하게 나타나야만 할 일장기의 마크가 고의로 말소되어진 행적이 있었으므로 즉시 차압처분에 붙여서 그 사실을 취조한 바, 그것은 8월 23일자 『대판조일신문』에 게재되었던 손기정 군의 사진을 전재할 때에 일장기가 신문 지상에 나타나는 것을 기피하여 고의로 기술을 사용하여 이를 말소하였다는 것이 판명되게 되었으므로 마침내 그 신문지에 대하여 발행정지처분을 하게 되었습니다(…)[48]

• 노기에 이쓰민(檀箕逸民)「정, 휴간 중인 동아일보와 조선중앙일보는 어떻게 될 것인가?」

(…) 과연 8월 25일자의 『동아일보』 석간은, 손기정 우승 당일의 『대판조일신문』으로부터 전재하고 「두상에는 월계관, 양손에는 감람수 화분(橄欖樹鉢)마라톤 우승자, 우리 용사 손기정군」이라고 설명을 쓸 때, 가슴에 광채를 내는 유니폼의 일장기 마크를 애석하게도 지워버리고 말았다.(…)

국제경기에서 선수의 흉장(胸章)은 그 나라를 대표하는 것으로서, 아무도 못 보도록 빠뜨리려는 사람은 없다. 하물며 손·남 양군 우승 이후, 이상할 정도로 앙양된 조선 민중의 민족의식의 발로에 대하여 가장 주의를 기울이고 있는 경무 당국이 설마 이를 못 볼 리가 없이, 즉시 발매반포를 금지시키는 동시에, 경기도 경찰부로 하여금 그의 진상 취조를 명하였으므로, 경기도 경찰부는 아연 긴장의 빛을 띠고 즉시 동아의 사회부장 현진건 군, 편집국장 설의식에게 전화교섭이 이뤄졌으나, 결말이 안 나자, 사찰계의 직접 활동으로 우선 동아 사진부는 수사를 받게 되어, 『대판조일신문』의 발췌사진과 사진판의 원판 등을 압수 당하고 이어서 운동부장 이길용, 사회부방 현진건, 사회부기자 장용서(편집자), 화가 이상범, 동 최

48 森田芳夫,「孫選手のマラソン優勝と日章旗マーク抹消事件」綠旗聯盟パンフレット 第五輯, 1936, 綠旗聯盟

승만, 사진부장 신낙균을 인치하기에 이르렀으나, 경찰은 가장 요긴한 원판을 쥐고 있었으므로, 확증 앞에 한 마디도 못하고 "기술을 가지고, 고의로 말소하였다."라는 것에 변명할 여지가 없었다.[49]

• 경고검 비 제2344호 「동아일보 발행 정지에 관한 건」
8월 25일자 『동아일보』 석간 제2판 제5,657호 지상에 게재한 백림(伯林)에서의 올림픽대회 마라톤경기에 우승한 손기정 사진의 유니폼의 일장기는 고의로 말소한 형적이 있기 때문에 동 신문지는 금일 차압에 처하게 되었는데, 본건은 그 근본 사상 면에서 가장 가증할만한 행위로, 그 사안의 진상을 철저하게 규명할 필요가 있다고 인정되어 경무(귀)국과 협의한 후, 금일 오후 7시 30분 경찰부 검열계 주임 경부를 동아일보사에 파견하여 관계자에 대한 당시의 상황을 취조하였는바, 본 사건은 8월 23일자 『대판조일신문』 지상에 게재하였던 마라톤선수 손기정의 사진을 복사한 다음 전재한 것인 바(…)[50]

이상의 『오사카 아사히신문』 게재 사진설은, 이 신문 8월 23일자에 게재된 사진을 전재하면서 일장기 마크를 말소했다는 총독부 경무국 발표에 근거한 주장이다. 이 주장의 근거가 총독부 경무국이고, 관련 기자들의 취조를 담당했던 경기도 경찰부의 조사였던 만큼, 여타 주장이나 설보다 수적으로나 양적으로 훨씬 많다.
월간지 『삼천리』도 몇 곳에서 『오사카 아사히신문』에서 전재했다는 사실을 거듭 밝힌 바 있다.

(…) 들리는 말에 의하면 그날 지면에 낼 사진을 동사에서는 『대판

49 檀箕逸民, 위의 글

50 京高檢秘 第二三四四號 京畿道警察部長 「東亞日報ノ發行停止二關スル件」, 昭和 十一年 八月二十九日

조일』로부터 전재했는데, 사진반원과 운동부원과 사회부원 몇 사람
이 흰 붓으로 흉간의 일장기를 지워버려 약간 알려지게 한 것이었
다고 한다.[51]

또 경기도 경찰부의 보고서「동아일보 게재의 손기정 사진 중 국기
표장 말소에 관한 건」중 사진 게재 경위와 말소 사실 항목에서도『오사카
아사히신문』게재 사진이라고 다음과 같이 검사장에게 보고하고 있다.

> 운동부 기자 이길용은 8월 23일 오후 5시경 동아일보사가 동 25,
> 26, 27의 3일간에 걸쳐 경성 부민관에서 독자 우대의 올림픽 활동
> 사진을 상영한다는 기획 발표의 기사를 게재하고 그 다음에 마라손
> 우승자 손기정의 사진을 게재하려고 8월 23일자『대판조일신문』
> 소재의 손의 사진을 오려 내 조사부 이상범에 대해, 이 손 선수의
> 사진을 24일 석간에 게재할 예정이니 그 가슴에 표출된 일장기를
> 보카시(ボカシ: 선명하지 않다는 뜻에서 말함)로 수정해 달라는 부
> 탁을 받은 이상범은 그것을 승낙하고『대판조일』지의 오려 낸 원화
> 에 착색을 하고 그것을 사진과장 신낙균의 책상에 제출하였다.[52]

위의 여러 주장과 총독부 경무국 발표, 경기도 경찰국 보고서 등을
근거로『오사카 아사히신문』지면을 확인해 보았다. 1936년 8월 23일자
『오사카 아사히신문』조간 제19695호에는「우리 대표의 분투」라는 제목
으로 요트, 권투 등 3장이 사진을 게재하고 있으며, 역시 제19695호 석
간 제1면에「빛나는 대 일장기」라는 제목으로 화보를 게재했으며, 제2면
에 손기정 선수가 마라톤 우승 직후, 스타디움의『아사히신문』특설 전화
로 일본 본사와 국제전화로 통화하는 사진(우단은 3등의 남 선수) 등 3장

---

51   위의『三千里』1936년 11월호

52   京高檢 秘 第1929號「東亞日報 揭載ノ孫基禎 寫眞 中 國旗標章 抹消二關スル件」, 昭和 11년 8월
      27일

「동맹통신」 경성지사의 사진전송실과 전송기사 박구병, 1941

의 사진을 게재하고 있을 뿐, 「동아일보」 일장기 말소의 원본이 될만한 사진은 찾아 볼 수 없었다.

　혹시 이보다 하루 전인 8월 22일자 발행의 사진화보를 근거로 해서 사진을 전재했다는 발표가 나온 것이 아닐까. 8월 22일자 「오사카 아사히신문」 8면 전면에 올림픽 화보를 게재한 것은 사실이나, 여기에도 우승대에 서 있는 손기정 선수의 사진은 전혀 찾아볼 수 없다. 이 날짜 8면 화보는 여섯 장의 사진으로 편집되어 있다. 마라톤 관련 사진은 히틀러 청년단원의 박수 속에 퇴장하는 손기정 선수, 출발점에서 스타트하는 마라톤 선수들, 단 두 장뿐이었다. 이 사진 중에서 손기정 선수만을 오려 수상 대에 서 있는 장면과 비슷한 경우는 퇴장 장면인데, 이것 역시 수상식 장면과는 전혀 합치되지 않았다.

그럼에도 대부분 『오사카 아사히신문』에서 제공한 사진이라고 주장하고 있는데, 혹시 전송사진을 말하는 것은 아닐까? 『동아일보』 일장기 말소 사건의 발안자였던 이길용은 −(전송사진으로서는 너무 일장 마크가 선명하였다. =문제의 사진은 『대판조일』(大阪朝日) 전송 소재)[53]−라고 전송사진이라든가, 사진은 전송 소재 등 전송과 관련한 애매한 설명을 해 놓았다.

자세한 설명이 생략된 이 글은 여러 가지로 해석될 수 있는 소지를 남겼다. 막연한 표현은 『오사카 아사히신문』에서 전송된 사진을 게재했다는 의미로 볼 수도 있고, 『오사카 아사히신문』에 게재된 전송사진을 사용했다는 뜻으로도 해석될 수 있다. 어떻든 전체 문맥으로 볼 때, 『오사카 아사히신문』에서 전송했다면 과연 수신시설이 없는 『동아일보』로서는 어떻게 전송사진을 받을 수 있었을까.

분명한 사실은 『동아일보』 자체적으로는 전송사진을 수신하는 시설이 없었기 때문에 일제의 통신사인 기존의 『동맹통신』을 이용하는 수밖에 없었을 것이다. 그러나 『동맹통신』은 개개의 신문사가 요구하는 대로 특별주문 사진전송을 수신하거나 송신할 수 있는 방법을 허용하고 있지 않았다. 일본이 정책적으로 전시 체제에 정보를 통제하기 위해 국책통신사로 『동맹통신』을 출범시켰기 때문에, 각 신문사에 대한 전송 서비스라든가, 상업적인 운영을 차단하고 통신사를 폐쇄적으로 운영하고 있었다. 이렇게 해서 등장한 통신사가 『동맹통신』이며, 1936년경부터 국내의 사진전송이 실현되고, 이 통신사에 의해 독점되었다.

일본에 본사를 둔 『동맹통신』은 서울에 경성 지사를 설치하면서 내외

53   李吉用, 위의 글

신 기사와 전송사진 수신시설도 갖추었다. 수신시설은 오늘의 간단한 시설과는 달리 무려 트럭 한 대에 꽉 찰 정도로 복잡한 시설이 필요했다. 전용 전송실이 필요할 정도로 많은 부속품이 내부 벽면을 다 덮을 정도였다.

따라서 민간신문들은 이런 복잡하고 전문적인 기술을 요하는 시설과 활용 때문에 전송시설을 갖출 수 없었다. 일본의 군국 파쇼 정권이 정보를 독점하기 위해 통신사를 통폐합하고 외신 정보를 독점한 상황에서 독자적인 사진 전송시설을 갖추는 것은 불가능한 일이었다. 그뿐만 아니라 사진 전송은 통신 자체가 식민지 통치의 선전수단에 이용하기 위한 것이었고, 상업적인 측면이 전혀 고려되지 않았다.

사진 전송은 주로 도쿄 본사에서 했으며, 신경(新京), 봉천(奉天), 대련(大連) 등 대륙으로부터의 사진도 수신했다. 대륙과 일본에서 전송된 사진들은 엄격한 검열을 거쳐 각 신문사와 잡지 등 정기간행물 및 총독부의 선전물 등에 제공되었다.

『동맹통신』이 일본 국내의 통신사를 통폐합해 국책통신사를 설립한 것은 내각 정보부의 프로파간다 정책을 실현하기 위한 것이었기 때문에 신문사 개개의 상업성은 전혀 고려되지 않았다. 사진 전송은 다분히 획일적이고 전체적이었다. 이러한 성격으로 미루어 볼 때 『동아일보』가 『동맹통신』으로부터 손기정 선수의 사진을 수신했다는 것은 전혀 불가능한 일이었다.

『동맹통신』 경성 지사에 한국인으로는 유일하게 전송사진 기사로 근무했던 박구병(朴球秉)도 특정 신문사가 개별적으로 이 통신사를 이용해 기사를 수신하거나 사진을 수송신할 수 있는 제도적 장치가 되어 있지 않았다고 다음과 같이 증언한 적이 있다.

신문사가 사진을 필요로 할 때, 지금은 S.P.(special photo)라고 해

無線電送寫眞

東京受信畵

伯林 → 東京 間(Berlin→Tokyo)

베를린에서 송신, 도쿄에서 수신한 무선 전송사진, 1941

서 특별 요금을 내면 각 통신사에서 전송해 주는 일이 제도화되었
지만, 당시는 그러한 제도도 없었지만 어느 신문사의 편의에 따라
사진을 전송해 준다든가, 수신하는 일은 통신사의 성격상 용인되지
않았다.[54]

뿐만 아니라 전송을 수신하는 절차도 까다롭고 많은 전화 중계소를
거쳐야 하기 때문에 『동맹통신』이 보내는 전송만 해도 기술상 난점이 많
았을 때였다. 전송시설이 없던 『동아일보』로서는 『동맹통신』을 이용하는

54   同盟通信 京城支社 전송기사였던 朴球秉(1941년부터 근무)의 증언(1991년 2월)
      「日帝下의 對韓 言論宣傳政策」, 「合同通信 三十年」 참조

것이 유일한 방법이었지만, 이 통신사의 성격상 상업적인 사진 전송은 전혀 불가능했다.

사진 전송의 또 다른 방법으로 전신전화국에서 모사 전송을 받았을 가능성을 검토해 볼 수 있으나, 이것 역시 당시에는 실용화되어 있지 못했다. "전송사진으로는 일장 마크가 그려 넣은 듯이 너무 뚜렷했다[55]"는 이길용의 지적은 당시의 『동맹통신』 전송상태를 엿볼 수 있는 측면도 있지만, 전송사진을 필름으로 수신하여 다시 사진으로 만들어 배포했기 때문에 다른 사진과 전송사진을 혼동한 것이 아닌가 하는 의문도 갖게 된다.

그 밖의 입수 방법으로는 우편과 항공편 또는 직접적인 인편을 생각해 볼 수 있다. 이 방법들은 뚜렷한 자료가 없기 때문에 단정할 수는 없지만, 충분히 가능하기는 하다. 그러나 시간을 다투는 신문 제작상, 시간이 많이 걸리는 수송 방법을 이용했으리라고 생각되지 않는다.

84

55 　李吉用, 위의 글

4장

동아일보의 일장기 말소
그 새로운 사실들

동아일보 최초의 일장기 말소는
8월 13일이었다

『동아일보』의 일장기 말소는 1936년 8월 25일자 석간 제2판에 게재한 손기정 선수의 사진으로 알려져 있다. 그러나 사실은 이보다 12일 전인 1936년 8월 13일자 2면에 마라톤 시상대에 서 있는 손기정 선수의 사진을 게재하면서 가슴에 표시된 일장기를 지웠다.

사진 인쇄가 좋지 않던 1930년대에는 사진 인쇄 효과를 극대화하기 위해 물감으로 사진 이미지의 어느 일부분을 제거하거나 새로 만들어 넣기도 하고 또 인물이 주변의 배경에 묻혀질 경우, 이를 돋보이도록 윤곽을 그리기도 했다.

이 신문은 손기정 선수의 베를린 올림픽 마라톤 우승 후 다양한 기사를 게재하는데, 11일자부터 「조선의 아들 손기정 세계의 패왕이 되기까지」라는 연재 기사를 게재하기 시작했다. 13일자 조간 2면에 그 3번째로 「직장과 가정을 버리고 경성 본무대로 진출 / 기쁨에 넘치던 그 밤 부친을

8월 13일자 2면에 게재한 일장기 말소 손기정 선수 시상식 사진, 『동아일보』1936. 8. 13

손기정 선수의 전송사진 원본(좌)과 일장기를 말소한 『동아일보』 지면(우)

별세」라는 제목의 기사를 게재하고 '월계관 쓴 손기정(상) 머리에 월계관 쓰고 손에 상수리나무 든 마라손 패왕, 주력하는 손기정(하)' 두 장의 사진을 게재했다.

　일장기를 말소한 문제의 사진은 국내 신문들이 처음 입수한 것으로, 손기정 선수가 마라톤 경기 후에 촬영한 시상대에 서 있는 장면이었다. 『동아일보』는 이 사진을 입수해 3등의 남승룡 선수와 2등 하퍼 선수를 제외하고 손기정 선수만을 거의 정방형으로 오려 상단에 게재하면서 가슴에 찍힌 사각형 형태의 선명한 일장기 표지는, 테두리를 그대로 둔 채 검게 표시된 일장 마크만을 교묘히 지워버렸다. 사진에 거뭇게 찍힌, 해를 상징하는 일장기의 붉은 원은 흰색의 물감을 사용해 말소했으나 역시 『조선중앙일보』의 사진처럼 전송사진이기 때문에, 또는 인쇄 상태가 좋지 않기 때문에 등 선입견 때문에 잘 알아 볼 수 없었던 것은 아닐까?

　그리고 5면 전면에 「지상 천하에 넘치는 재패의 의기 / 손·남 양웅이 감람수 월계관을 쓰기까지의 분전도」라는 제목 밑에 5장의 사진을 화보처럼 게재했다. 특이한 것은 앞의 제2면에 실렸던 사진(2면 설명은 "머리에 월계관 쓰고 손에 상수리 나무 든 마라손 패왕")을 5면에 한번 더 게재하고 "월계관 쓰고 표창대 우에 오른 손기정군"이라고 설명을 붙인 것이다. 그런데 이 사진을 자세히 보면 일장기 표지 부분을 약간 손질한 흔적이 나타나 있다.

이 사진은 『오사카 아사히(朝日)신문』 등 일본 신문들이 독일 현지에서 보낸 무선전송사진을 게재한 것으로, 『조선중앙일보』도 일장기를 말소했던 바로 그 사진이다.

필자는 이 사진의 일장기 말소 사실을 확인하기 위해 국립도서관, 프레스센터 자료실, 『동아일보』 등에 소장된 마이크로필름과 『동아일보』 원본 지면 등을 출력하거나 촬영해 일본 『오사카 아사히신문』에 게재된 손기정 선수의 시상대 사진과 비교해 보았다.

중복된 얘기지만, 당시는 흑백필름은 오늘과는 달리 붉은 색의 피사체는 짙은 검정색으로 찍혀 붉은 색과 검정색이 구분되지 않는 감광 구조였다. 특히 일본국기의 둥근 붉은 표지도 흰 바탕에 붉은 색으로 그려져 있기 때문에 선명하고 짙은 검정으로 촬영되었다. 그래서 일본 신문이 게재했던 손기정 선수 시상대 사진도 일장기 표지가 선명하게 나타난 것이다. 전송할 때 수신 상태가 좋지 않아 사진의 상태가 선명하지 못한 경우라도, 회색이나 녹색으로 된 부분과는 달리 흰 바탕의 검정 표지는 분명하게 나타나기 때문에 의도적으로 지우지 않고는 불가능한 일이다.

이후에 더 면밀한 작업을 통해 일장기 말소가 이보다 더 조기에 시도된 사례를 찾아낼 수 있을 것이지만, 현재까지 조사한 바에 의하면 최초의 『동아일보』 일장기 말소는 1936년 8월 25일자가 아니라 8월 13일자 조간 제2면에 게재한 손기정 선수의 사진("머리에 월계관 쓰고 손에 상수리나무 든 마라손 패왕"이라는 설명)에서였다.

이 날 신문에 게재한 손 선수의 유니폼에 나타난 일장기 표지는 인쇄 상태가 좋지 않아 그리된 것이 아니라 고의로 일장기 표지를 지웠기 때문 이다.

물론 일반 독자나 조선총독부 당국 등에 알려진 일장기 말소 사건은 8월 25일자 석간 제2면에 게재한 손기정 선수의 사진이 처음이지만, 이 전에도 교묘하게 일장기를 지우거나 게재를 기피할 수도 있었을 것이며, 아니면 사진기자들이 일장기를 피해 촬영하거나 인화할 때 이 부분을 제 거하고 사진을 만들어 게재할 수도 있었을 것이다.

『동아일보』의 일장기 말소 시도는 언제 처음이었는가에 대해 동아일 보사가 발행한 『동아일보사사』 제1권을 보면 "1932년에 시도했으며, 사 진은 미국 로스앤젤레스 올림픽 마라톤 경기에서 가슴에 일장기를 달고 6 등을 했던 김은배 선수의 가슴에 표시된 일장기를 기술적으로 말소한 것" 이라고 되어 있다.

> 일장기 말소는 이번에 비롯되는 일이 아니라 1932년 김은배 선수
> 가 올림픽대회에서 마라톤 6위로 입상했을 때도 눈에 거슬리는 가
> 슴의 일장기를 기술적으로 말소했던 일이 있었던 것이다 그 당시
> 총독부측의 트집 없이 넘어갔던 경험도 있어 그들의 의사가 이번
> 일장기 말소에 합의되었던 것이다.[56]

그러나 1932년 8월부터 9월까지 로스앤젤레스 올림픽 마라톤 대회 의 시종과 김은배 선수의 귀국, 보고회 등 관련 기사를 전부 확인했으나 양정고보 선수로 마라톤에 출전했을 때 촬영한 사진자료를 게재한 것 외 에 현지에서 촬영한 사진은 찾아볼 수 없었다.

56 『東亞日報社史』 1권, 東亞日報社, 1975, p.365

8월 8일 「세계 올림픽 마라손 김은배 군 6착 권태하 군 9착 1등은 아르헨티나(亞爾然丁) 사바라」라는 제목으로 호외를 발행했는데, 김은배의 사진을 게재하면서 가슴에 양정고보를 표시하는 Y자가 부착된 사진이었다.

8월 9일자 2면에 호외 기사와 이후에 있었던 사건들을 종합해 「세계 올림픽 마라손! 김은배 군 당당 입상 18국 28선수 중 제6착, 제1착은 아이연정 사바라 군, 권태하 군은 9착」이란 제목의 톱기사를 올렸는데, 여기에 게재한 사진도 호외 사진과 같은 Y자가 부착된 양정고보의 유니폼을 입고 연주하는 장면뿐이었다.

또 9월 16일자 2면 「우리 용사 김은배 군 위풍 표표히 개선, 경성역 완연 인해」라는 제목으로 김은배 선수의 귀국 기사를 보고하는 지면에도 세 장의 사진을 게재했지만, 여기에도 일장기가 표시된 유니폼이나 어떤 형태의 일장기도 개입될 여건이 되지 못했다.

그 후나 그 이전에 미국 로스앤젤레스 올림픽 마라톤 경기에 출전한 김은배 선수 관련 자료사진을 게재한 적이 없기 때문에 어느 지면을 두고 하는 얘긴지 알 수 없다. 혹시 현존하는 신문이나 마이크로필름 외에 다른 지면을 얘기하는 것은 아닐지 모르겠다.

『동아일보사사』에서 밝힌 일장기 말소 사건은, 일장기 말소와는 다르게, 올림픽이 열린 로스앤젤레스에 김은배 등 올림픽 출전 선수들이 도착하자 그곳 교민들이 미국 성조기와 태극기를 게양하고 환영회를 열었는데, 이 때 촬영한 사진을 입수했지만, 이것을 게재할 수 없어 태극기와 성조기를 오려내고 인물 본위로 게재했다는 것이다.

동아 지상에 내 자신이 태극기를 지우고 실린 사건이 한 번 있었다. 이러고 보니 「태극기말살사건」이 있었단 말이다.

1932년 미국 로스앤젤레스에서 열린 제10회 세계올림픽에 출장한 조선의 아들 3선수(김은배, 권태하, 황을수)를 그곳 미국 체육관계자와 교민 동포들이 환영회를 성대히 하였는데 그 장면 사진을 동아지에 게재했던 일이다. 정면 벽에는 우에 미국 성조기와 좌에 태극기가 고같은 광장(廣長)으로, 크게 걸려있고 그 앞에 우리 3선수 또 좌우에는 당시 중국 올림픽진(陳) 대표의 신국곽 씨(申國藿, 현 중앙청 외무처장대리 신기준 씨) 미국체육회 관계자들 역력한 제씨이었다. 싣기는 실어야겠는데 태극기야 그대로 실을 수가 없었다. 그래서 태극기만 짓자니 한편에 뭣을 지은 자리가 있을 것으로 눈치를 경무국 도서과 패에게 뵈었다가는 그것도 딱한 일이라 모진 시어머니 눈치 피하는 격이었지만 좌우간 미국국기까지 두 기를 모두 지워 인물 본위의 사진을 실은 일이었다.[57]

만일 『동아일보사사』가 위에 인용한 이길용의 증언을 참고했다면, 1932년 김은배 선수의 가슴에 나타난 일장기를 삭제해 게재한 것이 아니라 환영식장에 게양된 태극기와 성조기를 삭제해 게재한 것을 서로 혼돈했다고 생각된다.

57   李吉用, 위의 글

일장기 말소 사진의 출처는
오사카 아사히신문 지방판이었다

　　『동아일보』 일장기 말소 사진의 출처는 어디였을까? 일본 『아사히
(朝日)스포츠』나 영화 스틸 사진도 아니고 또 총독부 경무국장의 발표나,
경기도 경찰부에서 밝힌 『오사카 아사히(朝日)신문』도 아니면 그 출처는
어디일까? 1976년에 발행한 『인촌 김성수전』에서도 이 문제에 대한 석명
이 없어 전송사진, 주간 『아사히(朝日) 스포츠』지, 『오사카 마이니치(每日)
신문』 올림픽 기록영화 한 토막 등 가능한 소스는 전부 나열했으나, 딱 어
디라고 사진 출처를 단정하지 못했다.

　　〈삼천리〉 1936년 11월호에 실린 경무국장 담의 동아일보 정간 이
유 설명에는 「8월 23일부 〈대판조일신문〉에 게재된 사진」이라고
되어 있으나, 전송사진이 실용화되던 당시에 경기 후 10여일만에
이 사진이 일간지에 처음 보도된 것이 의심스럽고, 또 일간지의 사

진이라면 유독 동아일보만이 전재한 것도 의심스럽다. 여기서는 당
시 사건에 관련되었던 장용서의 회고담에 따라 〈조일스포츠〉의 것
으로 기록하여 둔다. 〈동우〉 제28호 참조.
또 일설에는 〈대판매일신문〉의 올림픽 기록영화의 한토막이었다고
도 하나 아직 자료상 확인되지 않고 있다.)**58**

　그럼에도 조선총독부 경무국장의 담화나, 경기도 경찰부가 관련 기
자들을 취조해 자백 받은 자료를 보고서 형식으로 서울검사장에게 제출한
문서에도 『오사카 아사히신문』 1936년 8월 23일자에 게재한 사진에서의
전재라고 하는 대목은 어떻게 된 것일까? 필자도 그동안 발표한 저서와
논문 등에서 일장기 말소 사진 출처에 대해 규명을 한다고 했지만**59**, 당시
경기도 경찰부가 갖은 악형을 가해 얻어낸 조사 결과에 대해 명확한 해답
을 찾지 못했다.

　그 후 도쿄와 오사카의 『오사카 아사히신문』 사진부를 통해 도쿄본사
및 오사카본사 발행 『도쿄 아사히(朝日)신문』, 『오사카 아사히신문』, 『아
사히 스포츠』 등 이 신문사의 조사부에 보관된 자료를 몇 번에 걸쳐 열람하
고, 또 마이크로필름을 이용해 확인도 했으나 여기서도 만족할만한 해답
을 얻지 못했다.

　혹시 지방 독자들을 위한 지방판, 예를 들면 조선판, 만주판, 중국
판, 대만판 등과 같은 지역 위주의 뉴스판을 발행하거나, 아니면 조선의
독자를 염두에 두고 발송에 편리한 도시에서 신문을 제작 인쇄한 것은 아
닐까 해서 이 방향으로 조사를 다시 시작했다.

　의외로 여기에서 새로운 사실을 확인할 수 있었다. 『아사히신문』은
1935년 우리나라 부산과 가장 가까운, 관부연락선이 입출입하는 항구 도
시 시모노세키(下關)에 인접한 모지(門司)시에 규슈지사(九州支社)를 설

58　위의 『仁村 金性洙傳』, p.387

59　필자의 조선중앙일보·동아일보 일장기말소 관련 글로는 「일장기말소사건」(『韓國戰爭報道寫眞史』,
　　　1992년 悅話堂), 「조선중앙·동아일보 일장기말소사건」(『사진과 포토그라피』 2002년 눈빛,
　　　최인진화갑기념논총) 등이 있다.

『동아일보』 일장기 말소 사진 출처 지면, 『오카사 아사히(朝日)신문』 규슈지사 발행 남선판

치하고 여기에서 조선 내의 독자에게 배포하는, 지방판을 발행했다는 것을 알게 되었다.

　이 자료에 큰 기대를 걸고 키타규슈의 조일신문서부본사에 건너간 것이 2006년이었다. 부산에서 후쿠오카, 후쿠오카에서 키타규슈의 코쿠라에 도착해 이 신문사 조사부에서 확인한 결과, 1934년부터 규슈지사에서 2개의 조선판을 발행했다는 사실을 확인했다.

　『아사히신문판매백년사』(朝日新聞販賣百年史) 서부편(西部編)과 오사카편(大阪編)에는 일본 내의 야마구치현(山口縣), 규슈 전역, 오키나

『동아일보』 1936년 8월 25일자 1판의 손기정 선수 사진

와, 조선 만주, 대만 등지에 배포할 신문 발행을 위해 규슈지사를 설치하고 조·석간 발행을 통합해 이 지역의 독자에게 당일신문을 당일에 읽을 수 있도록 이곳에서 지방판을 제작 인쇄하기로 한 사실이 다음과 같이 기록되어 있다.

규슈지사에서 지방판 발행을 결정하면서, 오사카-모지-후쿠오카를 잇는 전용 전화선 외에, 모지, 후쿠오카 2개소에 전송사진 장치를 갖추고 규슈에서의 조, 석간 인쇄는 조간부터, 그리고 배포지역

은, 일본 내의 야마구치현(山口縣), 규슈 전역, 오키나와, 조선 만
주, 대만 등지였다.

신문 도착은 시간이 대폭 빨라져, 조선의 부산에는 저녁 무렵에 도
착하던 것을, 일본처럼 아침 일찍 도착하게 하고, 경성에서는 심야
에 도착하던 것을 오후 3시에 도착해 당일에 당일 날짜의 신문을
읽을 수 있도록 했다.[60]

제호는 역시 『오사카 아사히신문』, 발행소는 후쿠오카 모지시(福岡
縣 門司市 東本町 3丁目) 조선 지방판 제호는 『오사카 아사히신문 남선
판』(大阪朝日新聞 南鮮版), 『오사카 아사히신문 조선 서북판』(大阪朝日新
聞 朝鮮 西北版) 등 2판이었다.[61] 남선판의 배포 지역은 경성, 부산, 광
주, 대구 등 서울 이남지방이며, 서북판은 서울 이북지역, 경성, 평양, 청
진, 함흥을 비롯해 만주지역인, 안동 등지에 배포되었다.[62]

남선판, 서북판은 제5면을 고정판으로 했으며, 지방판 제호 밑에 경
성, 부산, 광주, 대구, 평양, 청진, 함흥 안동 등지의 판매국 주소를 게재
했다. 한 면으로 된 지면에는 조선 관련 정치, 경제, 사회, 문화 등 조선 관
련 기사와 사진을 게재했다.

문제의 『동아일보』 일장기 말소 사진 출처는 바로 규슈에서 발행한
1936년 8월 23일(일요일)자 제19,695호 『오사카 아사히신문』 제5면
『오사카 아사히신문 남선판』과 『오사카 아사히신문 조선 서북판』이었다.

이 날짜 남선판과 조선 서북판은 톱기사로, 「각위의 협력으로 대임
을 완수하고 싶다」는 제목 아래 새로 부임하는 조선총독부 오노(大野) 경
무총감의 부산 상륙 제1보와 시모노세키에서 촬영한 총감부부의 사진을
상단 우측에 게재했다. 「올림픽의 종은 부른다」라는 기록영화를 8월 26
일 서울과 평양에서의 상영을 앞두고 일본 내의 어느 매체에도 게재한 적

60　위의 책, 西部編 p.98

61　위의 책, 西部編 p.99
　　발행 부수는 규슈지사에서 인쇄를 개시할 당시인 1934년에는 56,381부, 1935년에는
　　57,534부, 『동아일보』 일장기말소 당시인 1936년에는 57,274부였다. 당시 규슈주지사의 총
　　발행 부수는 310,833부였으며, 1940년부터 남선판은 남선 A판으로, 조선 서북판은 북선,
　　서선, 중선 등 5판을 발행했다. 朝鮮總督府 警務局 『朝鮮出版警察槪要』에는 1936년
　　『大阪朝日新聞』의 구독자를 60,906명(內地人 52,617, 조선인 8,272)으로 기록되어 있다.

62　『大阪朝日新聞 朝鮮西北版』 1936년 8월 23일자 기사

이 없는, 문제의 손기정 선수의 올림픽 마라톤 시상대 및 손기정 선수가
메인 스타디움을 출발해 마라톤 문을 통과해 힘차게 달리는 장면 등 2장
의 사진은 왼쪽 상단에 게재했다. 『동아일보』에서 손기정 선수의 가슴에
나타난 일장기 말소 사진은, 바로 1936년 8월 23일자 『아사히신문』 규슈
지사 발행의 『오사카 아사히신문 남선판』과 『오사카 아사히신문 조선 서
북판』 게재 사진을 이용했던 것이다.

사진은 『동아일보』에 게재된 것과 똑 같은, 시상 후 머리에 월계관을
쓰고 감람나무 화분을 두 손으로 든 체 약간 고개를 숙이고 있는 손기정
선수 사진과 바로 밑에 마라톤 문을 지나 힘차게 달리는 사진 2장을 게재
했다. 사진설명은 '찬양하리, 패자에 영광' 上, 두상에 월계관 양손에 감
람화분 마라톤 우승자 '우리들의 손기정 선수'. 下, 마라톤 문을 지나서 용
약 출발하는 손선수(×표식). -9일 세계 재패의 일(베를린으로부터 본사
릴레이 공수)63로 되어 있다.

『오사카 아사히신문』은 올림픽대회 현장인 베를린에 취재기자와 함
께 나고야(名古屋)지사 사진과장 사사키(佐佐木信暲)를 현지에 특파했다.
그러나 지금과 같이 사진전송이 대중화되지 않고, 국내에서는 전송을 이
용해 기사나 화상을 전송하고 있었으나, 올림픽 현장의 전송은 이제 막
무선전송을 실험하는 단계여서, 이 신문뿐만 아니라 대부분의 일본 신문
들도 올림픽 경기 중의 중요 장면은 『동맹통신』의 무선 전송사진을 활용
했다. 그러나 화보나 스포츠 전문 화보집을 발행하는 신문사에서는 현지
에서 촬영한 사진을 수시로 입수해 사용할 수밖에 없었다.

특히 올림픽에서 일본이 의외의 기록을 내자, 『오사카 아사히신문』
은 신문과 주간지에 이러한 상황을 게재하기 위해 항공편으로 필름 수송
작전을 폈다.

자사 나고야지사의 사사키 특파원과 특약사인 셀 통신의 촬영 필름

63 「大阪朝日新聞」1936년 8월 23일자 제5면, 제19695호의 사진 설명
讚へん哉, 覇者の譽れ / 上 頭上に月桂冠, 兩手に櫟の鉢植, マラソン優勝者 "我らの孫基禎選手" 下
マラソン門を潜つて勇躍出發する孫選手(×印)=9日 世界制覇の日【ベルリンより本社リれ-空輸】

1936년 8월 23일자 『오사카 아사히(大阪朝日)신문 조선 서북판』

과 뉴스 영화 필름을 휴대한 마루야마(丸山) 특파원이 베를린에서 여객기
에 탑승해 ▶발트해안의 도시 쾨니히스베르크(현재는 러시아의 칼리닌그
라드)를 거쳐 시베리아의 노보시비르스크까지 공수, ▶만주의 하얼빈(合
爾濱)에서 자사 신형 비행기로 오사카나 후쿠오카까지 수송, ▶후쿠오카
에서 오사카 본사에는 전송 등의 수송 경로를 거쳐 8월1일 개최된 개막식
실황을 8월 10일자에 「올림픽 개회식의 성관」이란 제목의 화보를 게재한
호외를 발행했다.[64]

필름 수송에 걸리는 시간은 가장 빨리는 7일 18시간 2분 정도이지

64   『大阪朝日新聞』 1936년 8월 10일자 호외

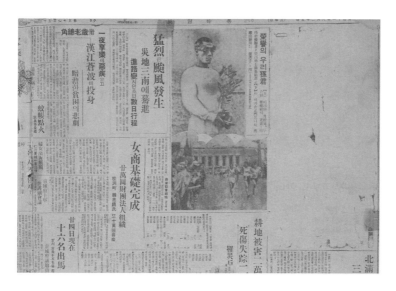

일장기를 말소한 『동아일보』 1936년 8월 25일자 2판 지면

만, 9일 정도 걸리기도 했다. 보통 수송 방법으로는 이보다도 3일이나 5일 정도 더 걸렸다.[65]

그리고 8월 22일자에도 베를린 현지에서 수송한 필름으로 '올림픽 화보' 지면을 제작하는데, 필름 수송 과정은 지난번과 같이 ▶현지에서 노보시비르스크까지 여객기로 공수 ▶만주에서 평양까지 자사 항공기인 신야기(新野機)로 수송 ▶평양에서 부산까지 열차편 ▶부산에서 규슈지사까지 부관페리 ▶규슈지사에서 오사카본사까지 자사 전송 시설을 이용, 올림픽 마라톤이 끝난 13일 만인 8월 22일자 8면에 올림픽 화보를

게재했다.[66] 화보는 6장의 사진을 게재하지만, 손기정 선수의 사진은 감람수분을 손에 들고 청년단의 환영 속에 퇴장하는 장면뿐이었다.

이 신문사에서 발행하는 『아사히 스포츠』지도 손기정 선수와 허퍼선수가 나란히 반환점을 돌아 달리는 장면, 마라톤 시상식 장면 등을 전송받아 게재하다가, 9월 4일자 임시 증간호 '올림픽화보 제2집'부터 현지에서 공수된 사진을 이용하여 화보를 제작했다. 첫 페이지엔 손기정 선수가 메인 스타디움에 달려 들어오는 사진을 싣고, 뒷면 양 페이지에는 '24년의 숙원 실현, 마라톤의 제패를 이루다'라는 타이틀로 손기정 · 남승룡, 하퍼 선수가 시상대에 서 있는 사진, 히틀러 청년단의 환영 속에 퇴장하는 손기정 선수의 사진을 게재했다. 또 마라톤 출발, 마라톤 탑을 통과하는 선수들의 레이스, 하퍼 선수와 어깨를 나란히 하고 달리는 손기정 선수와 남승룡 선수의 레이스, 반환점을 도는 손기정 선수와 하퍼 선수, 일착으로 골인하는 손기정 선수, 시상식 후 국제전화로 인터뷰 하는 손 · 남양 선수의 사진을 게재했다. 이 11장의 사진 중 마라톤 우승식 장면은 단 2장으로, 그것도 1, 2, 3위의 선수가 시상을 하고 있는 모습이거나, 시상식 후에 촬영된 모습 뿐이다.

『오사카 아사히신문』이나 『아사히 스포츠』지에도 수상대의 손기정 선수만을 촬영한 단독사진은 게재하지 않았다. 필자는 『오사카 아사히신문』을 통해 올림픽 관련 사진 중에서 『동아일보』 일장기 말소할 때 사용했던 것과 동일한 사진을 찾아냈다. 그러나 이 사진은 결코 일본 내에 배포한 『오사카 아사히신문』이나 『아사히 스포츠』에 게재된 적이 없었다.

그러나 『오사카 아사히신문』 규슈지사는 1936년 8월 23일자 『오사카 아사히신문 남선판』과 『오사카 아사히신문 조선 서북판』에 처음으로 머리에 월계관을 쓰고, 감람수분을 든 수상대의 손기정 선수 만의 사진을 게재했다. 손기정 선수만의 사진이 처음 게재된 이 신문은 부관 연락선에

66   위의 신문 8월 22일자 제19,694호 '올림픽 화보'

실려 부산에 도착한 뒤 다시 기차편으로 경성에, 『동아일보』에는 오후 3시경에 도착했던 것이다.

이 사진 게재 신문이 도착할 무렵, 『동아일보』는 자사 독자들에게 올림픽 기록영화 상영을 결정하고 사고(社告)와 기사로 대대적인 홍보를 하고 있었다. 상영을 앞둔(기록영화 상영은 8월 26일이었음) 25일자 석간에도 올림픽 기록 영화 무료 상영에 따른 기사를 2면 톱으로 게재하면서 일본에서 전 날 도착한 『오사카 아사히신문 남선판』이나 『오사카 아사히신문 조선 서북판』의 손기정 선수 사진을 절취해, 관련 기사 왼쪽에 게재했다.

『인촌 김성수전』에서도 언급된 것과 같이 당시 『동아일보』는 올림픽 영화 상영과 때맞춰 독자들의 호응도를 높이기 위해 손기정 선수의 모습을 제대로 담고 있는 사진이 필요했다.[67] 그러던 차에 8월 23일 배달된 『오사카 아사히신문 남선판』과 『오사카 아사히신문 조선 서북판』에 실렸던 사진을 입수해 이를 싣게 되었을 것으로 추정된다.

사진 설명은 '영예의 우리 손군【상】머리엔 월계관, 두 손엔 감람수의 화분! 마라손 우승자 "우리 용사 손기정군"【하】는 마라손 정문을 나서 용약 출발하는 손선수(×인)…〔지난 9일 세계 제패한 그 날〕으로 되어 있으며, 두 장 사진의 배열이나 사진 설명의 위치 등도 규슈지사 발행판과 하나도 다르지 않다.

이길용도 1948년에 기고한 「세계적 승리와 민족적 의분의 충격, 소위 일장기 말살 사건」이란 글에서, 이 신문에 게재된 사진을 입수하고 월계수 화분을 들고 촬영한 손 선수의 사진은 처음 입수되어 이를 게재하기 위해 신문을 오려냈다고 다음과 같이 밝힌 바 있다.

> 이러한 우리로서 어찌 손기정 선수 유니폼에 일부러 그려 넣은 듯 한(전송사진으로서는 너무 일장 마크가 선명하였다 = 문제의 사진

67　위의 『仁村 金性洙傳』 p.387

은 『대판조일』 전송 소재) 일장 마크는 그대로 실을 수 있을 것인가. 이것이 월계수 화분을 들고 촬영한 손선수 인물로는 처음인지라 넣고 싶은 욕심에 그것을 오려서 화백 이상범 형(당시 동아사 근무)에게 좀더 수정을 하되 일장 마크를 아니 보이도록 부근을 흐려버리라고 필자가 부탁을 하였다.[68]

다시 말하면 『동아일보』의 일장기 말소 사진 원본은 일본 오사카 본사에서 발행한 『오사카 아사히신문』 8월 23일자에 게재한 것이 아니라, 이 신문의 규슈지사에서 조선판으로 발행하는 제5면 『오사카 아사히신문 남선판』과 『오사카 아사히신문 조선 서북판』에만 실렸던 것이다. 제호는 『오사카 아사히신문』이었지만, 사실은 별도의 지면으로 확인되었다. 당시에 사진의 출처를 『오사카 아사히신문』 1936년 8월 23일자라고만 발표했기 때문에, 오늘까지 그 출처를 밝히는데 많은 오해와 어려움이 따랐던 것이다.

68 李吉用, 위의 글

일장기 말소의 주역은 누구인가

일장기 말소는 누가 했는가? 관련자나 주동자라고 할까, 인적 관계에 대한 논의는 『동아일보』나 『조선중앙일보』도 어렵기 마찬가지다.

『조선중앙일보』의 일장기 말소는, 이 신문의 운동부 기자 유해붕에 의해 주도된 것으로 알려져 있다.[69] 그러나 사진 속의 손·남 양 선수의 가슴에 나타난 일장기를 말소하는 데는 화가의 도움도 있었고 편집담당자나 사진부와의 논의도 거쳤을 것이다. 또 이 사건으로 경기도 경찰부에 연행된 기자도 유해붕 외에 사진기자 3명이라고 밝혀진 자료도 있다.[70] 그럼에도 지금까지 일장기 말소는 유해붕 단독으로 거사한 것으로 알려져 왔다.

당시 사진 부원이었던 김경석의 증언처럼, 일장기 말소를 발의하고 사진에 가필한 것은 유해붕이었지만, 이에 대해 묵시적 동의와 일장기 가필 사진을 그대로 인쇄되도록 협력한 것은 사진부원들이었다.[71]

유해붕은 손기정 선수의 양정고보 선배이자 그를 육상선수로 대성시

69   柳海鵬, 위의 글

70   위의 『三千里』 11월호

71   위의 김경석 증언

키기 위해 물심양면으로 후원해 왔던, 손기정 선수의 후원자였다.[72] 때문에 베를린 올림픽 마라톤경기에서의 우승은 한없이 기쁜 일이었으나, 일장기를 달고 우승했다는 점에 대해 민족적 감정으로 해서 울분을 억누를 수 없었을 것으로 생각된다. 더구나 김경석이 "남의 나라 기를 달고 열심히 해줬냐고 그런 사람도 있었고, …조선 사람 같으면 조선 태극기 같은 기를 달고 뛰어도 좋은데 일본 기를 달고서 기를 쓰고 뛰었다"[73]고 증언한 것처럼 일장기에 가려 손기정 선수의 마라톤 우승의 영광이 퇴락하지 않을까 하는 우려도 있었을 것이다. 이러한 여론과 손기정 선수의 마라톤 우승을 전국민의 관심사로 승화시키고, 이를 통해 민족의 구심점으로 승화시키기 위해, 손기정의 가슴에서 일장기를 지울 수밖에 없었을 것으로 생각된다. 일장기 삭제의 배경이야 어찌되었든 유해붕은 화백, 편집자, 사진기자 등의 협력이나 도움을 전혀 언급하지 않고, 혼자서 일장기를 말소했다고 주장해 왔다.

『동아일보』 일장기 말소는 『조선중앙일보』보다 더 복잡하게 얽혀 있어, 누가 무엇을 어떻게 했는가에 대해 쉽게 단정할 수 없다. 『동아일보』에는 1936년 8월 25일자 석간(25일자 석간을 24일에 발간) 1판에 『오사카 아사히신문』에서 입수한 손기정 선수의 사진을 일장기가 표시된 원래대로 게재했다. 일제 검열자의 눈을 속이기 위한 작전이었는지, 아니면 준비가 부족했던 것인지, 그보다도 더 폭발적인 파급 효과를 내기 위해서였는지 정확하게 알 수 없지만 제2판부터 일장기 말소 사진을 게재했다.

『동아일보』 기자들이 결행한 일장기 말소는 단독적인 행위인지 아니면 관련 부서의 기자들에 의해 거사된 행위인지 두 가지로 나뉘어 있다. 단독이냐 아니면 관련 부서 기자들이 연계된, 집단 거사냐에 따른 기록들을 정리해 그 실체를 파악해 보았다.

72　『조선중앙일보』 1936년 8월 13일자 "우리 손기정군의 재능에 숨은 힘 서봉훈 선생의 남다른 애호와 류, 조양씨의 지도력" 기사

73　위의 김경석 증언

• 이길용 「세계적 승리와 민족적 의분의 충격, 소위 일장기 말소 사건」

월계수 화분을 들고 촬영한 손 선수 인물로는 처음인지라 넣고 싶은 욕심에 그것을 오려서 화백 이상범 형(당시 東亞社 근무)에게 좀더 수정하되 일장 마크를 아니 보이도록 부근을 흐려 버리라고 필자(筆者)가 부탁을 하였다.[74]

• 이상범 「일장기 말소 사건, 20년 전의 회고기」

팔월 이십사일 상오 십일시경에 운동부 기자 이길용 씨가 손 선수의 사진 한 폭(幅)을 보내면서 편집국 여 사동(女使童, 지금은 그애의 성명조차 망실하였다)에게 '손 선수 흉부에 있는 일장기 마크를 지워 달라'는 대탁(代託)의 말을 전하여 주었다. 그런데 그 증언이 분명치 못하여 나는 이길용 씨에게 구내전화를 걸어 이에 대한 구체적인 얘기를 듣고 알았다. 그 후에 알고 보니 그 전날인 이십삼일(二十三日, 日曜日) 오후 삼시경에 편집국에서 이길용 씨가 이 사진에 있는 일장기 마크를 도분말소(塗粉抹消)할 터이니 명일(明日) 석간 이면(二面) 톱으로 게재하여 달라고 당시 주간 편집자인 장용서 씨에게 동의를 얻었다고 한다.[75]

• 『삼천리』 「동아일보 정간, 중앙일보 휴간」

그 뒤 곧 경기도 경찰부에선 고등과원(高等課員)이 출동하야 신문사로부터 사회부장 현진건, 부원 장용서(張用西, 龍瑞의 오기), 임병철, 운동부원 이길용, 화가 이상범, 사진반원 4인(四人)의 십(十)씨(氏)를 검거하여 구류취조(拘留取調)한 결과 고의로 일장기를 말

---

74   李吉用, 위의 글
75   李象範, 위의 글

소했던 사실이 탄로(綻露)되어 27일 저녁에 이르러 정간처분을 당한 것이다. 들리는 말에 의하면 그날 지면에 낼 사진을 동사(同社)에서는 『대판조일신문』으로부터 전재(轉載)했는데 사진반원과 운동부원과 사회부원 몇 사람이 흰 붓으로 흉간의 일장기를 지워 버려 약간 알려지게 한 것이었다고 한다.[76]

• 『삼천리』「동아일보 정간, 중앙일보 휴간」
또 한편 혹은 단기에 되라는 설도 있는데, 그 근거는 이번 사건은 사의 상층부는 전혀 몰랐고 그 아래 사진반원 등 수인이 공모하고 한 행사일 뿐이기에, 이 때문에 큰 기관을 장기적 제재를 줌은 가혹하다 함이요. 또 남 신 총독은 은이 병행의 정치를 할 터이므로 정간으로서 이미 십분 징치를 하였으므로, (…)[77]

위에 인용한 관련 자료는, 소문에 의한 것도 있고, 일장기 말소에 관련된 기자들의 회고담도 있다. 또 일장기 말소 사건 이후에 확인된 사실에 바탕을 둔 글도 있다. 또 자신을 중심으로 이 사건이 결행되었다는 주장도 있는 반면, 회사의 상층부는 전혀 모른 채 사진반원 등 수인의 공모라든가, 운동부와 조사부 화백, 사회부, 사진부 등 많은 기자들이 관련되었다는 객관적인 기록도 있다. 관련자의 증언에는 개인적인 역할을 강조했고, 잡지의 고십성 기사에는 사진반원 등 수인의 공모라고 되어 있으며, 당시의 일제 경찰 측 조사 자료에는 기자나 화백 한 사람의 제의나 수정 작업만으로 거사된 사건이 아니라 신문사의 관련 조직원이 참여한 사건으로 되어 있다.

개인의 주도가 아닌 편집국내의 관련 기자들의 집단적인 거사라면, 관련 기자들 사이에 거사를 위한 공감대 형성, 일장기 말소, 지면 배치,

76   위의 『三千里』11월호
77   위의 『三千里』11월호

인쇄 공정 등에 관련해, 사전 모의가 있었을 것이며, 이를 통해 지면을 제작했을 것이다.

그렇지 않고 만일 일 개인이 몇 사람의 협력을 얻어 주도했다면, 운동부나, 사회부, 사진부가 가진 업무분장의 한계를 벗어나지 못했을 것이며, 일제에 대한 저항정신이 투철했던 『동아일보』 기자들이라고 하더라도 일장기를 말소한 사진을 지면에 게재하는데 쉽게 동의하기 어려웠을 것이다.

신문사 편집국 기구나 역할분담 등 신문 제작 속성상 지금도 그렇지만 당시에도 업무분장이 사규로 명시되어, 운동부는 운동부의 취재 영역이, 사진부는 사진부의 업무 영역을 침범할 수 없었으며, 조사부 화백이 사회부도 사진부 데스크의 요구 없이 사진에 첨삭을 할 수 없었다.

이 당시 『동아일보』는 업무분장을 개편해, 사진부를 처음으로 편집국 내의 독립 부서로 규정하고, 신낙균을 초대 사진부장(당시는 사진과장 명칭이었다.)으로 영입했다. 이후 사진취재의 지시나 사진 원고 제작 등은 물론, 『동맹통신』에서 수신하는 전송사진의 점검뿐만 아니라 사진 제판도 이 부서에서 해야 할 업무였다.

또 사회면 담당자나 사회부 데스크도 사진부에 협조를 요구할 수는 있지만, 자신들이 직접 나서 사진부의 영역을 침범해, 일장기 말소 같은 중대사를 자의적으로 처리할 수 없었다.

때문에 일장기를 말소하고 이를 신문에 게재하기 위해서는 사진부, 사회부(이길용은 사회부 기자였음), 편집부 등 세 개의 부서가 의견일치를 보아야만 가능한 일이었다.

지금까지의 일장기 말소 사건에 대한 많은 글들이 이길용 기자의 단독 결행인 것처럼 시사한 것은 신문사 내의 편집국의 기구나 업무분장을 이해 못한 것이었으며, 발의 자체를 일장기 말소로 이해한 일면도 없지 않다.

일장기 말소 사진 원본

『동아일보』 게재 손기정 사진, 일장기 말소 이전(좌), 말소 이후(우)

　『조선중앙일보』의 경우에도 운동부 기자의 발의로 시작되었지만, 지면 배정을 담당하는 편집부는 그렇다 치더라도, 일장기를 말소한 사진을 몇 분 동안 제판하면서 주의 깊게 봐야 했던 사진부 기자들의 협력 없이 불가능했던 것처럼, 『동아일보』의 일장기 말소도 예외일 수 없었다.

　더구나 『동아일보』의 시상대 위에 서 있는 손기정 선수의 사진은, 『조선중앙일보』에 게재된 전송사진과는 달리, 현지로부터 릴레이 공수한[78] 사진이었기 때문에 일장기가 선명하게 나타나 있고, 또 많은 조선내의 독자들이 이 신문을 받아 본 뒤였기 때문에, 정교하고, 자연스러운 기술로

III

삭제해야만 했다. 이런 상황에서, 경기도 경찰부 취조 보고서에 따르면, 화백이 정교하게 수정을 했지만 아직도 사진에는 일장기가 남아 있어, 최종 마무리는 사진부에서 결행한 것으로 기록하고 있다.[79]

79   위의 京高檢 秘 第一九二九號

경찰 취조 보고서에 나타난 일장기 말소 사건의 진상

경기도 경찰부에 『동아일보』 기자들이 연행되기 시작한 것은 24일 밤부터 27일까지로, 임병철, 백운선이 24일 밤이었으며, 이상범, 장용서, 서영호 등은 25일, 현진건, 신낙균, 최승만, 송덕수, 변영로 등은 26일, 이길용은 27일이었다.[80]

경찰부의 취조가 언제부터 시작되었는가에 대해서는 자세한 기록이 없지만, 경기도 경찰부에서 총독부 경무국과 경성지방법원에 보고서를 제출한 시점이 8월 27일과 8월 29일인 점으로 봐서 이길용이 연행된 27일 무렵에 사건의 개요를 파악하고 있었던 것으로 생각된다.

필자가 입수한 경기도 경찰부장 명의의 8월 27일자 보고서는 「경고검 비 제1292호 동아일보 게재의 손기정 사진 중 국기 표장 말소의 건」과 8월 29일자의 「경고검 비 제2344호 동아일보 발행 정지에 관한 건」 등 두 건이다.

80   李象範, 위의 글

이 두 건의 취조 보고서에 따르면, 8월 25일자 『동아일보』 석간 제2판 제5,657호 지상에 게재한 손기정 사진의 일장기 말소는 고의로 말소한 형적이 있기 때문에 경무국과 협의한 후, 24일 오후 7시 30분 경찰부 검열계 주임 경부를 동아일보사에 보내 조사를 벌였다.

현장 조사 결과, 일장기를 말소한 사진 원본은 8월 23일자 『오사카 아사히신문』 지상에 게재하였던 손기정의 사진을 복사한 다음 전재한 것, 일장기가 말소된 사진은 사진부 기자 백운선이 일장기 및 머리부분에 기술상의 과실로 보통보다 다량의 청산가리 용액을 사용해 불선명하게 된 것이다"라는 진술을 받고, 아연판 등 증거품도 압수했다.

또 일설에는 경기도경찰부에서 일인 경부보가 공무국까지 들어가 손선수의 사진에 나타난 일장(日章)을 똑똑하게 나오도록 다시 제판해 압수한 석간 본지에 다시 인쇄했다는 증언도 있다.[81]

백운선이 기술상의 과실로 과도한 청산가리 용액을 사용해 일장기가 흐리게 제판했다는 주장은 일경의 조사를 피하기 위해 임병철이 백운선과 말을 맞춘 진술로 판명되었다.

> 다음날 25일 전기 백운선을 당부에 호출하여 엄중 취조한바 맨 처음에는 지난밤의 진술을 되풀이하고 쉽게 진상을 진술하지 않았으나 극력 추구한 결과 본인은 이 사진의 게재와는 하등 관계가 없으며, 8월 24일 밤, 경찰부원이 동아일보사에 출두하였을 때 현장에 있었던 차에 편집부원 임병철이, 백운선은 사진기술에 능숙하기 때문에 본인이 손기정의 사진작성 때에 과실로 청산기리를 다량으로 사용하였기 때문에 불선명하게 된 것이다라고 진술하라고 교사하였기 때문에 그와 같이 허위로 진술한 것임으로[82]

81   李象範, 위의 글

82   위의 京高檢秘 第一九二九號

위의 사실은 8월 27일자의 경기도 경찰부 취조 보고서에도 기록되어 있는데, 임병철은 서영호 대신 진술 방향을 교사하고, 백운선은 그 같은 허위 진술했다고 되어 있다.

> 편집부원 임병철 31세-자기는 사진에 대해 지식이 없기 때문에 백
> 으로부터 과실로 약품 때문에 선명하지 못하게 하였다고 주장하라
> 고 서영호의 대신으로 진술 방향을 교사한 자. 사진부원 백운선
> 26세-경찰부원에게 그 같은 허위 진술을 함.[83]

경기도 경찰부는 편집부원 임병철과 사진부원 백운선의 취조를 계기로 일장기 말소 사건에 관련된 기자들이 줄줄이 연행하고 온갖 고문을 가해 자백을 받아내는데, 위의 두 보고서에 나타난 사건의 실상을 바탕으로 정리하면 다음과 같다.

• 일장기 말소 사실 확인

일장기 말소 사건은 이길용 외 수명의 관계자가 있으며, 사진 기술상으로 볼 때에는 "고의적으로 하지 않으면 일장기 부분만 그와 같이 불선명하게 되는 일이 없다."라는 진술을 확보하고, 경기도 경찰부도 자체적으로 25일 이른 아침, 사진기술자에게 압수한 원지와 아연판을 감정한 결과, 여기에서도 고의로 일장기 부분을 말소했다는 증언을 받아내, 일장기 말소 사건은 고의로 말소했다는 확증을 얻게 된다.

• 일장기 말소 사진 게재 과정

운동부 기자인 이길용은 동아일보사가 8월 25, 26, 27일 경성 부민관에서 개최할 독자 우대의 올림픽 활동사진을 상영을 앞두고 8월 23일

83   위의 京高檢秘 第二三四四號「東亞日報ノ發行停止ニ關スル件」

다음과 같은 계획 기사를 준비하게 된다.

백림 올림픽대회 영화 명일 오전부터 봉절(封切), 시내 부민관에서 3일간 9회 영사 / 본보 독자께 무료 공개.

백림 올림픽은 우리의 조선 마라손 왕을 알리고 막을 닫힌지 벌써 1주일이 지났다.

이 대회에서 얻은바 기록과 알려진 바 쪼각쪼각의 소식은 혹은 전파로 통하야 혹은 활자를 통하야 섬푸럿하게 듣고 읽어보았지만 이 대회의 광대한 규모 또 화려한 설비, 이 성전에서 뛰고 싸우던 우리 용사들의 그 씩씩한 광경은 아직도 우리 눈앞에 나타난 적이 없었다.

본사에서는 사고(社告)로써 발표한 바와 같이 이에 느낀 바 있어 그동안 이 성전의 시종을 엮은 전편실사영화(全篇實寫映畵)를 손에 넣게 되어 이제야말로 이 대회의 전적모용(全的貌容)를 만천하 독자 앞에 내보이어 감격과 기쁨을 함께 나누게 되었다.

이에 앞으로 전조선 각지방에 순회실사를 하려니와 우선 경성(京城) 시내에서는 다음과 같은 일정과 장소에서 3일 동안에 무릇 9회에 긍하여 본보 애독자에게 무료로 공개하게 되었다.

공개 일자 장소(관람 무료)

◇제1일 〔8월 26일〕 부민관에서(주간 3회)

▲제1회 오전 9시 반부터 ▲제2회 오후 영시 반부터 ▲ 제3회 오후 3시부터

◇제2일 〔8월 27일〕 부민관에서(주간 3회) 횟수와 시간은 우와 동일

◇제3일 〔8월 28일〕 부민관에서(주간 3회) 횟수는 우와 동일

◇관람권에 대한 주의

관람권은 본보 독자에게 배부할 터인데 시내에 구역이 다 다른 만큼 앞앞에 가는 관람권이 다르니 특히 주의하시기를 바라는바 매일 발행하는 것이 제1회(오전 10시 입장)권은 푸른빛이고 제2회(오후 1시 입장)권은 붉은 빛 제3회(오후 3시 입장)권은 흰빛으로 된 것이며 첫날 것은 관람권 우에 줄을 하나 걷고 둘째, 셋째 날 것은 줄을 둘, 셋으로 거서 구분하였으니 특히 유의하심을 바라나이다.[84]

이길용은 그 기사와 관련한 마라톤 우승자 손기정의 사진을 게재했으면 하고 바라던 차에, 8월 23일자 『오사카 아사히신문』에 게재된 시상대의 손기정 선수 사진을 입수하게 된다. 이 사진을 놓고 이길용은 편집자 등과 사진에 나타난 일장기를 말소할 것을 의논한다.

손기정 선수의 사진은 8월 25일자 제1판에 준비한 기사 바로 옆에 게재했다가, 제2판에 일장기를 말소한 사진으로 교체해 게재하게 된다. 조사부 이상범이, 이길용으로부터, "흉부에 나타난 일장기를 보카시(ボカシ: 불선명의 뜻이라고 말하고 있음)하게 수정하여 달라"는 요청대로 원화에 착색한다. 착색한 사진을 사진과 데스크인 신낙균에게 넘긴다.

이 경찰 보고서에는 "그럴 즈음 편집국 사회부 기자 장용서가 사진과장 신낙균, 동 부원 서영호가 있는 곳에 오더니 서영호에게 이상범의 보카시 만으로는 아직 일장기가 남아 있기 때문에 이를 충분하게 말소시켜 줄 것을 잊지 말라고 다짐을 한 다음, 동실을 퇴출하였다."라고 되어 있다. 전후의 문맥으로 보아 이상범이 말소한 손기정 선수의 사진은 사진과 데스크를 통해 확인 후 편집자에게 넘겼을 것이고, 편집자는 의도했던 것과 달리 일장기가 완전히 말소되지 못했는지, 사진부를 찾아와 완전 말소를 요구하게 되었을 것이다.

II7

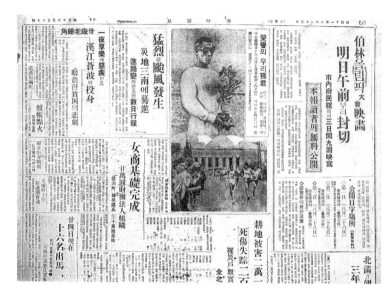

일장기 말소 사진 게재 옆 공백란에 백림(베를린) 올림픽 영화 상영 조간기사를 오려 붙인 지면

　　편집자의 요구를 들은 서영호는 청산가리를 사용해 아연판의 일장기 흔적을 제거한 후 이를 인쇄부에 넘겨, 제2판 신문에 말소된 사진을 게재 했다고 기록되어 있다.

　　이와 관련해 현존하는 1936년 8월 23일자 석간 제2면 제1판, 제2 판은 모두 손기정 선수의 사진을 게재하고 있는데, 이 사진 우측, 톱기사 가 들어갈 위치는 삭제한 흔적이 있는 공백으로 남아있다. 필자는 이를 몹시 궁금해 하던 중 8월분 신문에 실린 베를린 올림픽 마라톤 관련 기사 를 꼼꼼히 살피면서, 혹시 여기에 25일자 조간에 개재된 「백림 올림픽대회 영화 명일 오전부터 봉절」이라는 제목의 기사를 게재했던 위치는 아닐까? 하는 의구심이 들었다. 두 지면을 복사해, 삭제된 공간과 올림픽영화 상영 관련 기사의 단수를 세어보았더니 둘 다 6단이었다. 다시 조간에 게재된 올림픽영화 상영 기사를 오려, 일장기 말소된 손기정 선수의 사진 옆의 삭제 공간에 올려놓았더니 한 치도 틀림이 없었다.

삭제된 이유는 분명치 않으나, 8월 25일자 제2면의 공백 지면은 8월 24일부터 게재해오던 시내 부민관에서 3일간 독자들에게 무료 상영한다는 올림픽 영화 관련 기사를 실었던 자리로 확인되었다.

• 관련된 기자들의 역할 분담

경기도 경찰부의 보고 자료에는 운동부원(주임) 이길용, 조사부원(화가) 이상범, 사진과장 신낙균, 편집국 사회부원 장용서, 사진부원 서영호 등을 관련자로 명시해 놓았다. 임병철과 백운선은 이 사건과 직접 관련이 없는 것으로 기록되어 있다.

운동부 이길용은 자사 주최 올림픽 영화 상영을 앞두고 관련 기사를 작성해 출고하려던 차에 8월 23자 『오사카 아사히신문』 남선판, 또는 서북판에 게재된 손기정 선수의 시상대 사진을 보고, 이를 자신이 쓴 기사에 맞물려 게재하려고 이를 오려낸다. 이 사진을 지참하고 신문사에 나온 이길용은 출고 부서 및 관련 부서와 사전 의논을 하는 과정에서 손 선수의 유니폼에 나타난 선명한 일장기가 거슬렸을 것이고, 이를 말소해 게재하자는 데까지 합의되었던 것 같다. 그리고 일차적으로 이상범 화백에게 일장기 말소를 의뢰하게 된다.

이상범 화백은 이길용 기자로부터 일장기 말소 의뢰를 받고, 전화로 이를 확인한 후, 일장기를 지우게 되는데, 이길용의 제의, 말소 작업, 말소에 임하는 자신의 심경을 다음과 같이 회고했다.

그 때 나는 본사 조사부에서 미술부문의 책임을 가지고 있었는데 8
월 24일 상오 11시경에 운동기자 이길용 씨가 손선수의 사진 한
폭을 보내면서 편집국 여사동(지금은 그 애의 성명조차 망실하였
다)에게 "손 선수 흉부에 있는 일장기 마―크를 지워달라"는 부탁의
말을 전하여 주었다. 그런데 그 전언이 분명치 못하여 나는 이길용
씨에게 구내전화를 걸어 이에 대한 구체적인 얘기를 듣고 그의 뜻
을 알았다.

물론 이런 일이 혹시나 무슨 문제나 되지 않을까하는 걱정도 없지
는 않았으나 고어(古語)에 시인은 의사동(詩人意思同) 이란 말과 같
이 나 역시 그것이 꼴보기 싫던 판이라 다시 고려할 나위도 없이
그의 말대로 호기 있게 정성껏 말소해 가지고 사진과 제판실로 돌
렸다.[85]

당시 주간 편집 책임자였던 장용서(경찰 보고서에는 사회부 기자로
되어 있음)는 23일(일요일) 오후 3시경에 편집국에서 이길용으로부터 자
신의 기사에 손기정 선수의 사진을 개재하려고 하는데 일장기가 너무 선
명하게 나타나 있어, 일장기 마크를 말소해 24일 발행 석간 2면에 게재했
으면 하는데, 가능할 수 있도록 도와달라는 부탁을 받는다.

이에 동의한 장용서는 이상범이 그 사진 원본을 제판실로 넘긴 뒤에
제판실(3층)에 가서 사진과 서영호에게 제판할 때 약물로 깨끗하게 말소
해 달라는 부탁을 한다.[86]

이 부분에 대해, 이와 달리 경찰 보고서에는 24일 오후 2시반경 편
집국 사회부기자 장용서가 사진부에 들어와 사진과장 신낙균, 부원 서영
호가 함께 있는 자리에서 서영호에게 이상범이 가필한 사진에는 아직 일

---

85   李象範, 위의 글

86   위의 京高檢 秘 第一九三九號

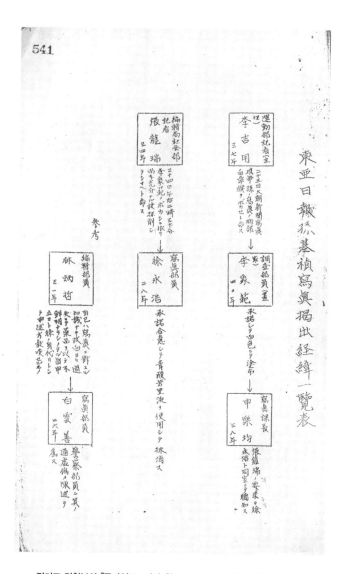

경기도 경찰부의 『동아일보』 기자 취조 보고서 중 사진게재 경위 일람표

장기가 남아 있으니, 충분히 말소되도록 해 달라고 부탁을 했다고 기록되어 있다.[87]

경찰보고서에 나타난 것처럼, 편집자의 요구를 들은 서영호는 장용서가 나간 뒤에 사진과장인 신낙균에게 완전하게 말소할 수 있는 방법을 의논했다. 결론적으로, 사진제판 과정에서 시안화칼륨, 일명 청산가리를 사용해 잔여 일장기의 흔적을 제거한다는 방침을 정하고 이 방법으로 제작한 아연판을 인쇄부에 넘겨, 제2판 신문에 말소된 사진을 게재했다고 기록되어 있다.

참고로 경기도경찰부 조서보고서에는 일장기가 말소된 손기정의 사진 게재 경위를 일람표로 작성했는데, 이를 풀어 적으면 다음과 같다.

▲운동부 기자(주임) 이길용 37세-23일 『오사카 아사히신문』의 사진을 휴대, 손기정 선수 사진의 가슴에 부착된 일장기를 희미하게 나타나도록 지시했다.

▲조사부원(화가) 이상범 40세-이를 승낙하고 일장기 부분을 흰색으로 도포.

▲사진과장 신낙균 38세-장용서의 요구를 서영호와 같이 사진부 암실에서 청취함.

▲편집국 사회부 기자 장용서 34세-24일 오후 2시 30분 이상범의 가필로는 아직 불충분하기 때문에 사진부에 찾아가 다시 말소를 요구함.

▲사진부원 서영호 28세-이를 승낙, 합의한 후 청산가리 용액을 사용해 말소함.[88]

87   위의 京高檢秘 第二三四四號
88   위의 京高檢秘 第二三四四號

의도적으로 흔적을 남겨 놓은
대담한 일장기 말소

일장기 삭제 과정과 관련해 8월27일자 경기도 경찰부의 조사 보고서는 이상범이 일차적으로 도분말소하고, 서영호가 동판에 나타난 일장기 부분을 청산가리 액으로 완전히 말소해 인쇄부에 넘겨 신문에 게재했다고 기록하고 있다.

그것을 승낙한 서영호는 승낙한 대로 동판에 뚜렷이 나타난 손의 사진에 대하여 그 가슴에 나타난 일장기 부분에 진한 청산가리 액을 사용(증거품 영치됨), 이를 말소하여 인쇄부에 넘겨 그것을 그 석간에 게재한 것이다.[89]

8월 29일에 작성된 경기도 경찰부의 또 다른 보고서에도 이와 비슷한 내용이 들어 있다.

이를 승낙한 서영호는 아연판에 현출되어 있는 손의 사진, 가슴에 나타난 일장기 부분에 다량의 청산가리농액을 사용(증거품 영치되어 있음), 이를 말소하여 인쇄부에 돌려 이를 이 신문 석간에 게재한 것이 판명되었다.[90]

8월 27일 보고서와 8월 29일 보고서를 보면, 동판과 아연판의 차이만 있을 뿐 그 내용이 똑같다. 그런데 여기서 청산가리 용액으로 동판이나 아연판의 사진의 일부가 말소 가능한 것인지가 의문으로 남는다. 이를 알아보기 위해선 신문사진 제판 과정을 이해할 필요가 있다. 1930년대의 신문에 난 사진은 사진사 초기의 감광판이었던 습판을 카메라에 장전해 사진을 찍을 때처럼 촬영한 후 현상된 원판을, 인화지에 인화하는 것이 아니라 감광유제를 입힌 아연판이나 동판에 인화한다. 인화된 아연판이나 동판은 다시 현상 과정을 거치면 빛을 받은 부분은 굳어져 그대로 남게 되고, 빛을 받지 않은 부분은 용해되어 없어진다. 이것을 질산이나 철염화물을 사용해 부식시키면 요철(凹凸)판의 인쇄판이 완성된다.

경찰 측의 보고서에 기록된 동판이나 아연판은 제판이 완성되어 인쇄부로 넘어가는 인쇄판이라고 할 수 있다. 이 동판이나 아연판은 사진제판의 완성 상태이기 때문에 청산가리 용액으로는 지울 수 없고, 일제시대 신문에서 흔히 볼 수 있는 삭제 부분처럼 끌 같은 도구로 일장기를 파버리는 방법 밖에 없다.

그렇다면 경찰 보고서에 기록된 동판이나 아연판을 청산가리로 남아 있는 일장기를 지웠다는 것은 무엇을 의미할까? 1960년대 습판을 이용한 사진제판 시기에 『조선일보』, 『한국경제신문신문』에서 제판 업무를 담당했던 신효순 씨, 박용하 씨에게 이에 대한 의견을 들어보았다. 『동아일보』, 『조선중앙일보』의 일장기 말소 지면을 직접 보여주면서 경기도 경찰

124

부의 보고서 내용에 대한 감정을 의뢰한 것이다. 그 결과, 이들은 다음과 같은 소견을 피력했다.

> ▲『조선중앙일보』의 일장기 말소는 백색 물감으로 일장기를 지워, 독자들이 언 듯 보면 고의로 일장기를 지운 것처럼 보이지 않고 인쇄가 잘못되었거니 사진 상태가 좋지 않은 것으로 보였을 것이다.
> ▲『동아일보』의 일장기 말소는 『조선중앙일보』와 달리 일장기를 지운 흔적을 남겨, 독자들도 일장기를 지운 사실을 금방 알아봤을 것이다. 또 사진제판 과정에서 일장기 부분을 유니폼과 같은 백색으로 지우지 않고, 일장기 말소 사실을 약간 검게 지운 흔적을 대담하게 남겼다
> ▲ 일본 경찰의 취조 보고서에 나타난 동판이나 아연판에 남아 있는 일장기는 끌 같은 예리한 도구로 삭제할 수 있고, 청산가리 같은 화학 약품으론 말소되지 않는다.
> ▲『동아일보』의 일장기 말소는, 백색 물감으로 먼저 지웠을른지 모르나, 인쇄된 상태로만 보면, 신문에 난 사진을 복사해 제판 원고로 사용했던 것 같다. 제판하기 위해 다시 복사 원고를 촬영, 촬영한 습판을 현상, 다음 단계는 아연판이나 동판에 인화하는데, 이전 필름과 같은 습판 상태에서 보력, 감력을 하게 되는데, 이 과정에서 말소한 것이다. 사진제판 때 습판에 찍힌 화상 중에 말소할 부분은 필름 상태에서 시안화칼륨, 즉 청산가리의 묽은 액으로 제거작업을 하기 때문이다.

위의 감정소견처럼 사진부의 서영호는 이상범이 1차로 일장기를 말소한 손기정 선수 사진을 제판하면서 아연판(또는 동판)에서 지운 것이 아

니라 촬영 현상한 습판에서 시안화칼륨, 즉 청산가리로 완전히 제거했던 것이다. 이는 일제가 알아차리지 않도록 조심스럽게 일장기를 말소한 것이 아니라, 아예 말소의 흔적까지 남겨 놓는 대담한 일장기 말소였음을 의미한다.

5장

아직도 끝나지 않은 베를린의 역주

일장기 말소 사건의 역사적 의의

손기정·남승룡, 양 선수의 마라톤 세계 제패는 한국 전토를 흥분의 도가니로 만들었으며, 환희에 찬 민중의 감격은 봇물이 터진 듯 열병처럼 전국을 휩쓸었다. 올림픽 마라톤 세계 제패의 감격적인 소식을 접한 민중의 열광과 흥분은 민족감정으로 확산되어 이를 구심점으로 해서 많은 행사들이 계획되고 추진되었다.

손기정 선수의 마라톤 세계 제패로 촉발된 열광이 민족감정으로 발전할 기미를 간파한 일제는 신문사 사장과 편집국장을 불러 기사 취급에 대한 보도지침을 시달하는 한편, 손기정 축하회, 연설회, 체육관 건립 발기회 등 각종 축하행사를 전면 금지시켰다.[91] 축제의 장은 민족감정의 촉발을 우려한 일제에 의해 산산이 깨지고 말았던 것이다.

그러나 저항의 불씨가 완전히 제기된 것은 아니었다. 한국 전토를 흥분의 도가니로 빠지게 했던 올림픽 승전보에 대해 일제는 방관과 묵인의 자세를 보이면서도 이와는 반대로 신문사의 경영주와 편집인을 협박해

91　위의 『三千里』 11월호.
　　　위의 『仁村 金性洙傳』 P.386

서 언론 통제를 주도면밀하게 진행시켰다. 탄압과 억압 속에서도 불씨는 기자들 속에서 꺼지지 않고 오히려 되살아났다. 민족감정의 촉발은 손기정 선수의 유니폼에 부착된 일장기를 말소하는 적극적인 저항으로 표면화되었다.

사실, 민간지들은 애초부터 민족 정신의 발현이라는 측면에서 손기정 남승룡 선수의 올림픽 마라톤 참가를 보도했다. 비록 일장기를 달고 올림픽에 출전했지만 한국의 민간 신문들은 그들을 우리의 선수로 생각하고 격려를 아끼지 않았다. 어떤 방식으로 출전하느냐에 대해서는 처음부터 문제가 되지 않았다. 어떠한 탄압이나 규제에도 두려움 없이 손기정·남승룡 두 선수는 한국인임을 분명히 했으며, 손기정 선수의 세계 제패 때도 이러한 보도 자세는 변함이 없었다.

민간지들의 이러한 보도자세에 대해 서슬 퍼렇던 총독부 검열 당국도 어찌할 수 없었다. "쇼와(昭和) 11년 8월 독일국 수도 백림(伯林)에서 거행된 세계 올림픽 마라톤 경쟁에 손기정이 우승을 하자 언문 각지는 광희난무(狂喜亂舞)하고 해사실(該事實)로써 '우리들의 승리'라고 보도하며 민중은 이에 자극되기 때문에 민족의식은 한층 대두하고, 혹은 조선 인민에 의한 우승기념 체육관의 설립을 기획하거나 혹은 손기정의 장학금을 부담코자 하거나, 혹은 또 그에게 금품을 수여코자 하는 자 속출하고 신문지는 더욱 이를 기특한 행위라고 특필 대서하는 등 열광적 태도를 시현(示現)하였다. 그런데 손기정의 우승은 제국선수(帝國選手)로서 출장한 것이므로 내선인(內鮮人) 다같이 축복할 사실이다. 따라서 내선인의 대립은 단연코 용서할 수 없으나 감정상 약간 참작의 여지가 있다고 인정, 간행물의 검열에 있어서도 내선융화(內鮮融和)를 저해하는 것 같은 특수사항이 없는 한 애써서 관용의 태도를 취하여 전기 '우리들의 승리' 운운 같은 문언(文言)의 유는 이를 불문에 부쳤다"[92]라는 말이 이를 입증해준다.

그러나 민간지 기자들은 여기에서 물러서지 않았다. 손기정 선수 유니폼의 일장 마크를 보는 순간, 그를 일본에 빼앗기는 듯한 충격을 받았다는 이길용의 고백을 들어보자.

운동 기자 생활 16년! 이처럼 흥분되고 기꺼운 때가 또 언제 있었으랴. 이러든 나는 이 나라의 아들인 손선수를 왜놈에게 빼앗기는 것 같은 느낌이 그 유니폼 일장 마크에서 엄숙하게도 충격을 받았다. 그렇게 괄시를 하고 '요보 시오가나이'라든 자들이 저희가 세계올림픽에 처음으로 진출하든 24년 전, 마라톤으로부터 내리 마라톤에는 꼭 승리한다고 버티고 덤비다가 달치 못한 숙망을 우리 손선수가 우승을 하고 나니 그제부터는 그다지도 낮간지럽게 '20여년의 숙망달성! 우리들의 손선수 당당 우승!' 이러한 제목이 일문 각지에 대서특필하는 꼴을 볼 때 어찌 민족적 충격과 의분이 없겠는가. 갖은 차별과 온갖 천대를 알뜰히 다하고 나서 우승하고 나니 덤비는 양은 민족적 의분은 그만두고라도 인류의 양심으로서 가증키 짝이 없었다. 이러한 환경과 분위기 속에서 빚어진 일장기 말살 사건이란, 뉘 노도를 막을 자ー 없음과 같다고 할까.[93]

장용서 역시 「일장기 말소 사건의 후문」에서 "일장기 말소의 거사는, 민족 감정의 발로에서 촉발된 것이며, 조선의 아들을 남의 민족 대표로 내세우기가 억울하고 원통해서였으며, 천인공로하고 방약무인한 행동으로 우리 민족정신을 영영 말살하려던 당시에 이에 저항 하라는 삼천만의 지상명령이었다"고 썼다.

92   檀箕逸民, 위의 글

93   李吉用, 위의 글

물론 그 이유야 말할 나위도 없이 민족감정의 발로로, 당당한 대한의 아들을 남의 민족의 대표로 내세우기가 원통하고 억울해서 현실은 그렇지 않지만 마음으로의 표현은 차마 그대로 할 수 없어 지원버린 것이다. 이것은 편집자나 운동부 기자만의 생각이 아니라 삼천만이 똑같이 간직하고 있는 민족혼의 지상명령이었던 것이다. 그 때 우리 처지는? 일제가 국련에서 탈퇴하고 만주에 괴뢰제국을 세워 놓고, 중국본토를 유린 침략할 야망으로 우리나라를 그 발판으로 만들기 위하여 우리 민족정신을 영영 말살하려고 천인공로의 방약무인한 행동을 함부로 하였고, 이에 따라 우리 민족은 아무 저항도 못하고 나날이 그들의 혹편(酷鞭)에 몰려 일인화(日人化)의 구렁으로 쓸려만 들어갔다. 이런 판에 본보가 용감하게 일국기(日國旗)를 지웠으니 그 센세이션은 참으로 컸었다.[94]

일장기 말소 사건은 일제의 억압통치에 대한 민족 감정의 발로이자 저항의식에서 일어난 사건이었다. 『조선중앙일보』, 『동아일보』 기자들의 거사는 편집자나 사회부 기자만의 생각이 아니라 삼천만이 똑같이 간직하고 있는 민족혼의 지상명령이었으며[95] 개개인의 영웅심에서가 아니라 이들 신문의 일제에 대한 저항정신에 기인한 것이며, 이들 신문의 자연발생적인 체질에서 우러난 것이었다.[96]

유해붕이 "사내의 사상의 조류는 당시 으레 어떠한 때든지 일장기 같은 것은 일차도 게재한 경험이 없다."[97]고 말한 것처럼 『조선중앙일보』는 처음부터 일장기에 배타적이었다.

일장기에 대한 저항의식은 『동아일보』도 마찬가지였다. "사내의 사시라고 할까, 전통이라고 할까, 방침이 일장기를 되도록은 아니 실었다. 우리는 도무지 싣지 않을 속심이었던 것이다. 내지라는 글을 쓰지 않은

132

94 張龍瑞, 위의 글

95 張龍瑞, 위의 글

96 『東亞日報社史』 卷一 (1920~1945年) p.364

97 柳海鵬, 위의 글

것과 마찬가지다. 지방이건 서울이건 경향 간에 신문지 게재해야 할 무슨 건물의 낙성식이니 무슨 공사의 준공식이니 얼른 말하자면 지방 면으로는 면소니 군청이니 또는 주재소니 등등의 사진에는 반드시 일장기를 정면에 교차해 다는데 이것을 짓고 실리기는 부지기수다."[98]라는 이길용의 증언이 이를 잘 뒷받침해준다.

경찰 보고서에 나와 있는 일장기 말소 목적에 관한 내용을 보아도 동아일보의 대다수 사원들도 일장기에 대해 저항의식을 지니고 있었음을 알 수 있다.

『동아일보』지는 조선민중을 대상으로 하여 창간, 금일에 이르게 된 것으로서, 조선 민족의 의사에 반하는 기사 편집은 이를 삼가지 않을 수 없는 사명을 가지고 있는 것이라고 믿기 때문에 일장기를, 그 사진에 표출한 것과 같은 것은, 조선민족인 독자가 이를 환영하지 않을 뿐 아니라, 우리 사내에서도 그러한 공기가 있음을 알아차리고 그와 같은 거사로 나오게 된 것이며, 이번 올림픽대회에서 손기정이 세계기록을 깨고 우승한 사실에 대하여, 그들은 손기정은 조선인임에도 불구하고 조선민족의 대표자로서 올림픽에 출장 우승하였다라고 세계에 발표하지 못하고 일본이 우승하였다고 발표하지 않을 수 없게 된 것은 우리들 조선인으로서는 심히 개탄하지 아니할 수 없는 일로서, 우리 신문사에 있어서도 대다수의 사원이 이 뜻을 말하고 있다.[99]

일장기 말소 사건은 이처럼 일본 국기를 손기정 선수의 유니폼에서 없애 버린, 단순히 감정적인 행위에 의한 것이라고는 할 수 없다. 그것은 민중의 가슴속에 잠재하여 줄기차게 흐르는 저항의식을 촉발시키려는

98 李吉用, 위의 글

99 위의 京高檢秘 第二三四四號

『조선중앙일보』와 『동아일보』 기자들의 민족의식을 향한 외침이었다.

그러나 일제에 대한 이러한 저항은 조직적이고 구체적으로 대중의 힘을 결집하지 못했고, 중일전쟁의 발발과 내선일체의 사상 강화정책에 의해 차단되고 말았다.

일장기 말소 사건으로 당황한 쪽은 일제의 지배층이었다. 이 사건이 한국을 대륙병참기지화하여 중일전쟁을 획책하고 있던 시점에서 일어났기 때문에 지배층의 충격은 더 컸다. 언론을 장악해서 그들의 뜻대로 조정할 수 있다고 믿었던 일제로서는 전혀 예기치 못한 저항이었다. 그들은 『조선중앙일보』와 『동아일보』의 일장기 말소 사건에 관련된 기자들을 구속하고, 해당 신문사를 정간시켜 민중 속에 뿌리 깊게 살아 있는 저항의식을 제거하려고 칼을 휘두르기 시작했다. 그리고 그들의 기관지인 『경성일보』를 내세워 격한 논조로 비난하면서 단호한 조치를 취하라고 촉구했다.

> 『동아일보』가 취한 태도 및 기사, 기타의 일에 대해서 여기에서 상술하지 않아도 그 사상 내용은 명확하여 내선일체(內鮮一體), 선만상의(鮮滿相衣), 일만일체(日滿一體)의 광도(光圖)를 이루려는 국민일치의 정신과 노력에 대한 반항인 것은 틀림없는 일이다. 금일과 같이 내외정세가 긴장된 시대에 있은 일이어서 그와 같은 언동은 절실히 삼가지 않으면 안 될 때에 평지에 파란을 일으킬 뿐만 아니라, 그 사상적, 감정적 근기(根基)의 용서치 못할 것이 있을진대, 이것에 단호한 처지를 취하는 것은 당연한 일이다.[100]

일장기 말소라는 저항 사건은 많은 기자들의 구속과 신문의 정간으로 인해 아쉽게도 더 이상의 역사의 파장을 만들지 못했다. 총독부 당국의 언론통제는 더욱 공고해져 내선일체와 특별지원병제도와 관련된 기사

100 『京城日報』 1936년 8월 29일자 사설

들로 지면을 장식하게 되고 말았다. 미나미 지로 총독의 등장과 중일전쟁의 발발로 완전히 일제의 통제 하에 놓이게 된 『조선일보』와 『동아일보』 등 민간지는 끝내 강제 폐간의 명운을 벗어나지 못했다.

참고자료

1. 동아일보 게재의 손기정 사진 중 국기 표장 말소에 관한 건

　　- 이 문건은 『동아일보』 일장기 말소 사건에 관련된 기자들을 연행해 33일간의 혹독한 취조 후 그 결과를 조선 총독부 경무국장과 경성지법 검사정 앞으로 제출한 경기도 경찰부장의 보고서다. 경고검 비 제1929호 「동아일보 게재의 손기정 사진 중 국기 표장 말소에 관한 건」, 경고검 비 제2344호 「동아일보 발행정지에 관한 건」 등의 보고서는 사상 관련 비밀 보고로, 일장기 말소와 관련한 기자들의 인적 사항과 일장기 말소 경위, 말소 목적, 참고 사항과 일장기 말소 과정에서 각 기자들의 역할 분담 등이 기록되어 있다. 이와 관련해 조선출판 경찰월보 제96호의 「동아일보 발행 정지 처분 이유」도 있으나 여기서는 제외했다.

　　이 문서에는 악독한 고문으로 밝힌 취조보고서이지만 몇 가지 불분명한 것과 잘못된 부분도 발견된다. -(필자 주)

　　경고검 비 제1929호
　　1936년(昭和 11) 8월 27일 경기도 경찰부장
　　경무국장 전
　　사상계검사 인
　　경성지방법원 검사정 전

　　『동아일보』 게재의 손기정 사진 중 국기 표장 말소에 관한 건
　　동아일보사 8월 24일 발행한 동 25일자 『동아일보』 석간 제5657호에 올림픽대회에서 마라톤 경기에 우승한 손기정의 사진을 게재하면서 당 유니폼 흉부 표출의 일본 국가를 표징하는 일장기를 고의로 말소한 것에 대해 신문지법에 의거 차압처분에 부친 것과 관련, 이 사진 가공 및 게재의 경위에 관

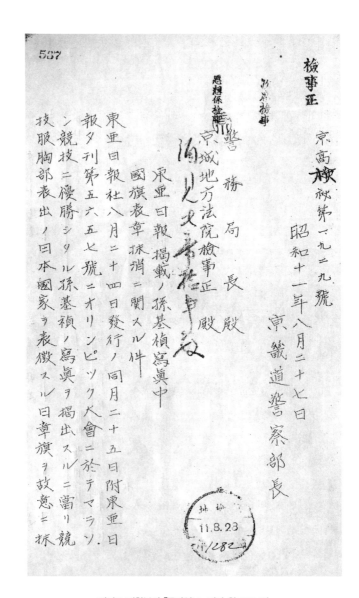

檢事正

京高檢秘第一九二九號

昭和十一年八月二十七日

京畿道警察部長

思想係檢事

防犯捕報

警務局長殿

京城地方法院檢事正殿

東亞日報掲載ノ孫基禎寫眞中
國旗表章抹消ニ關スル件

東亞日報社八月二十四日發行ノ同月二十五日附東亞日
報夕刊第五六七號ニオリンピック大會ニ於テマラソ
ン競技ニ優勝シタル孫基禎ノ寫眞ヲ掲出スルニ當リ競
技服胸部表出ノ日本國家ヲ表徵スル日章旗ヲ故意ニ抹

경기도 경찰부의 『동아일보』 기자 취조보고서

해 상세히 당부에서 취조한 사실에 대한 그 진상을 통해서 그 행위나 전적으로 그들이 평상시 마음 깊이 간직한 민족적 의식에 근거한 증오심의 소위라고 판명되기에 이르러 다음과 같이 보고합니다.

기

一. 관계자의 본적 주소 성명 연령 등

본적 경성부 명륜동 4가 208번지
주소 경성부 성북동
동아일보사 운동부원(주임) 이길용 당 37세

본적 경성부 사직동 136번지
주소 경성부 누하동 182번지
동사 조사부원(화가) 이상범 당 40세

본적 경성부 팔판동 62번지의 2
주소 경성부 통인정 31번지의 15
동사 사진과장 신낙균 당 38세

본적 경성부 당주동 99번지
주소 경성부 도렴동 25번지
동사 편집국 사회부원 장용서 당 34세

본적 전라남도 함평군 함평읍내

주소 경성부 사직동 173번지

동사 사진부원 서영호 당 28세

본적 함흥부 풍서리

주소 경성부 계동 99번지의 2

동사 편집부원 박병철 당 31세

(박병철은 임병철의 잘못된 표기임: 필자 주)

본적 경성부 합정 150번지

주소 경성부 아현정 125번지

동 사진부원 백운선 당 26세

二. 사진 게재의 경위와 말소의 사실

　　운동부 기자 이길용은 8월 23일 오후 5시경 동아일보사가 동월 25, 26, 27의 3일간에 걸쳐 경성 부민관에서 독자 우대의 올림픽 활동사진을 상영한다는 기획 발표의 기사를 게재하고 그 다음에 마라손 우승자 손기정의 사진을 게재하려고 8월 23자 『오사카 아사히신문』 소재의 손의 사진을 오려내 조사부 이상범에 대해, 이 손 선수의 사진을 24일 석간에 게재할 예정이니 그 가슴에 표출된 일장기를 보카시(ボカシ: 불선명의 뜻에서 말함)로 수정해 달라는 부탁을 받은 이상범은 그것을 승낙하고 『오사카 아사히신문』의 오려낸 원화에 착색을 하고 그것을 사진과장 신낙균의 책상에 제출하였다.

　　그런데 편집국 사회부 기자 장용서가 24일 오후 2시반경 사진부실에 들어와 사진과장 신낙균, 동 부원 서영호와 함께 있어 서(徐)에게 이상범이 가필했으나 아직 일장기가 남아 있으므로, 충분히 말소되도록 잊지 말고 해 달라고 다짐을 받고 동실을 퇴출했다. 그것을 승낙한 서영호는 승낙한대로 동판에 뚜렷이 나타난 손의 사진에 대하여 그 가슴에 나타난 일장기 부분에 진한

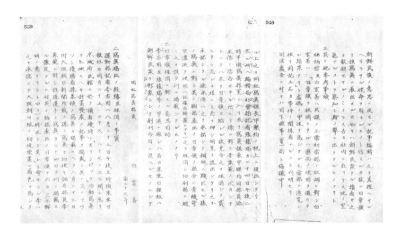

경기도 경찰부의 『동아일보』 기자 취조보고서 중 일부

청산가리 액을 사용(증거품 영치됨), 이를 말소하여 인쇄부에 넘겨 그것을 그 석간에 게재한 것이다.

三. 일장기 말소에 대한 의사 목적

이길용 및 장용서 등의 진술에 의하면 "내가 동아일보지는 조선 민족을 대상으로 창간, 금일에 이르고 있는데, 조선 민족의 의사에 반하는 기사 편집은 그것을 삼가해야하는 것을 사명으로 하고 있으며, 믿는 것이므로 일장기를 그 사진에 표출되는 것과 같은 것은 조선 민중인 독자가 그것을 환영할 수 없을 뿐만 아니라 우리 사내에 있어서도 그런 분위기가 있다는 것을 알아서 그에 따라 움직인 것이다."라고 한다.

四. 기타 참고 사항

임병철 및 백운선은 공모하기 당초 당부의 취조에 대해 백운선은 "일장기를 말소한 것은 약품의 사용을 과도하게 한 결과인 듯하다"라고 허위 진술을 했으나 당부의 추구에 의해 전기 5명이 사건의 관계자라는 것이 판명되어 사법처분에 대하여 목하 검사(귀)국과 협의 중

동아일보 손기정 사진 게재 경위 일람표

운동부 기자(주임) 이길용 37세 –
23일 『대판조일신문』 사진 휴대, 손의 사진의 가슴에 부착된 일장기를 희미하게 나타나게 명함.

→ 조사부원(화가) 이상범 40세
– 승낙하고 흰색으로 도포.

→ 사진과장 신낙균 38세
– 장용서의 요구를 서영호와 사진부 같은 방에서 청취함.

→ 편집국 사회부 기자 장용서 34세
– 24일 오후 2시 30분 이상범의 희미하게 도포한 것은 아직 불충분하기 때문에 말소를 요구함.

→ 사진부원 서영호 28세
– 승낙한 후 합의해 청산가리 용액을 사용해 말소함.

참고

→ 편집부원 임병철 31세

- 자기는 사진에 대해 지식이 없기 때문에 백(백운선)으로부터 과실로
  약품 때문에 선명하지 못하게 하였다고 주장하라고 서영호의 대신으
  로 진술 방향을 교사한 자.

→ 사진부원 백운선 26세

- 경찰부원에게 그 같은 허위 진술을 함.

2. 동아일보 발행정지

경고검 비(京高檢秘) 제2344호

사상계검사 인

1936년 8월 29일

경기도 경찰부장

경무국장　　　귀하

경성지방법원검사장 귀하

각도 경찰부장　　귀하

관하 각 경찰서장　　귀하

동아일보의 발행정지에 관한 건

　　관하 경성부 광화문통 소재 동아일보사 8월 24일 발행의 동월 25일자 『동아일보』 석간 제2판 제5,657호 지상에 게재한 백림 올림픽 대회 마라톤 경기에서 우승한 손기정의 사진 중 유니폼의 일장기는 고의로 말소한 형적이 있음으로 동 신문지는 금일 신문지법에 따라 차압처분을 한바 본건은 그 정신으로 보아 가장 증오할 행위로서 특히 국체명징(國體明徵)이 강조되고 있는 금일, 사안의 진상을 철저하게 규명할 필요가 있음을 인정해 경무(貴)국과 협의한 후 다음 날 25일, 회사 관계자 수명을 당부에 호출하여 그 사진가공 및 게재한 경위에 대하여 엄중 취조한바 그 진상은 다음과 같아, 그 행위야말로 전적으로 그들이 평시 마음속에 깊이 간직한 민족적 의식에 따른 계획적인 쾌

씸한(不逞) 행위임이 판명되었는바, 본 신문지는 치안을 방해한 것으로 인정하여 신문지법 제 21조에 의하여 8월 27일 무기발행정지의 행정처분에 처하였음.

위 보고(통보, 통달)함.

기

一. 관계자의 본적 주소 직업 성명 연령

본적 경성부 명륜동 4가 208

주소 경성부 성북동

동아일보사 운동부원(주임) 이길용(李吉用) 당 37세

본적 경성부 사직동 126

주소 경성부 누하동 182

동사 조사부원(화가) 이상범(李象範) 당 40세

본적 경성부 팔판동 62의 3

주소 경성부 통인동 31의 15

동사 사진과장 신낙균(申樂均) 당 38세

본적 경성부 당주동 99

주소 경성부 도렴동 15

동사 편집국 사회부원 장용서(張龍瑞) 당 34세

본적 전라남도 함평군 함평읍내

주소 경성부 사직동 173

동사 사진부원 서영호(徐永浩) 당 28세

본적 함흥부 풍서리

주소 경성부 계동 99의2

동사 편집부원 임병철(林炳哲) 낭 31세

본적 경성부 합정 150

주소 경성부 아현동 125

동사 사진부원 백운선(白雲善) 당 26세

二. 동아일보사의 경영내용 및 최근의 논조 경향

『동아일보』는 1920년 1월 6일 설립 인가와 관련해, 최초 자본금 50만 엔의 주식회사였으나 그 후 자본금을 70만 엔으로 증자하여 금일에 이르고 있는데, 조선 내에서 발행하는 언문신문지 중에서 가장 세력을 갖고 있으며, 이와 함께 인가한 언문지로는 『조선일보』가 있다.

또한 1906년 설립 인가와 관련해 『매일신보』가 있기는 하나, 전자는 설립 당시의 기초가 빈약하여 도저히 『동아일보』에 필적할 수 없다. 또한 『매일신보』는 이른바 당국의 어용신문이라 하여 일반 조선인에 환영을 받지 못하고 있다.

이러한 사이에서 오로지 『동아일보』는 풍부한 자금, 유력한 후원자와 일반 조선인 의식에 영합하고자 교묘한 민족심리 선동적인 논조로 조선 내에서의 언문 신문계를 리드하여 소위 『동아일보』 독점시대를 현출하기에 이르렀다.

한편, 수년 전부터 동업 『조선일보』는 자본금의 증액과 함께 사옥의 신축, 교묘한 선전에 의한 독자 흡수책 등으로 점차 그의 지반을 확장하고 있으나, 오랜 기간에 걸쳐 일반 조선인의 마음속에 깊이 뿌리박혀 있는 『동아일보』의 지반은 용이하게 침식되지 아니해, 『동아일보』는 여전히 제1위의 발행부수(55,000 내지 60,000)를 갖고, 조선 내외 각지에 550여 지(분)국을 설립하는 등, 현재 동지 본사에 있어서의 종업원 수는 영업국 32명, 편집국 46명, 공장직공 77명, 고원 43명, 직영 지국원 14명 계 212명과 간부 4명, 객원 7명이며 그 외에 배달 53명이 있다.

이들 종업원의 대우는 경성부내의 신문사 중 상위에 속하여 1개월 인건비 약 1만 5천 엔을 요하는데도, 경영에 상당한 여유가 있는 것 같으며 아주 최근에 수만 엔을 들여(동아일보사는 10수만 엔을 들였다고 말하고 있으나, 7만 엔 정도인 것 같음) 고속도 윤전기를 구입하고 또한 사옥을 증축하고자 현재 사옥의 인접지를 35,000엔으로 매수하는 등 이의 사업의 비약적 확장을 보여주고 있는 중이다.

『동아일보』는 주의 주장을 "조선 민족의 생존권을 주장 비호하는데 있다"라고 하여, 언문신문 중에서 가장 민족주의적 색채를 선명하게 하여서, 창립 당시부터 이의 논조는 매우 교격(矯激)하여진 바 있어서 자주 차압처분을 받는데도 여전히 개전의 정이 없어 설립 후 만 1년도 안된 1920년 9월, 신문지법 제21조에 의하여 안녕질서 방해로 발행정지의 행정처분을 하게 되었다. 이어 1926년 3월, 다시 1930년 4월, 전후 3회에 걸쳐 발행정지 처분을 받았다.

만주사변을 계기로 일본 국력의 재인식은 일반 조선인에게 좋은 영향을 가져오게 하여 따라서 언문지의 논조도 점차 그 필봉을 바꾸는 것처럼 보이는 점이 있는 듯하나, 원래 언문지는 민족적 풍자기사 게재로서 2,000만 조선 민중을 배경으로 갖고 있는 특수신문의 생명이라고 자임하고 있는 실정인바, 일반 조선인의 마음속에 흐르고 있는 민족적 편견을 전부 해소시키지 않는 한 이의 논조의 온건화는 상당히 곤란한 문제이나 지금까지 아직도 가끔씩 시사 문제 등에 대한 민족적 풍자기사 혹은 사상, 사건 등을 침소봉대하는 보도로 일반 조선인의 민족의식의 앙양을 획책하여 가고 있다.

특히 금년 2월, 일본 동경에서 발발한 소위 2·26 사건 이후로부터 1935년 및 1936년 1월부터 8월에 이르는 동안의 치안방해에 의한 기사 차압 및 삭제 상황을 대비하여 볼 때, 1935년 차압 1건, 삭제 21건에 대하여 1936년은 차압 9건, 삭제 18건의 다수에 이루고 있음은 그간의 상황을 말해주는 것인바, 일단 일본국내에 있어서의 지난 번 동경사건과 같은 불상사의 발발, 또는 국제 분쟁 내지는 국교 단절 등의 사단이 발생하는 것과 같은 사건이 있으면 그 즉시 그의 독특한 봉망(鋒鋩)을 나타낼 것은 상상하고도 남음이 있는데, 이의 취체에 대하여는 특단의 주의를 요하여야 할 것이다.

三. 취조 상황

(1) 사진 게재의 경위와 말소 사실

8월 25일자『동아일보』석간 제2판 제5,657호 지상에 게재한 백림(伯林)에서의 올림픽대회 마라톤경기에 우승한 손기정 사진의 유니폼의 일장기는 고의로 말소한 형적이 있기 때문에 동 신문지는 금일 차압처분에 처하게 되었는데, 본건은 그 근본 사상 면에서 가장 가증할만한 행위로, 그 사안의 진상을 철저하게 규명할 필요가 있다고 인정되어 경무(귀)국과 협의한 후, 금일 오후 7시 30분 경찰부 검열계 주임 경부를 동아일보사에 파견하여 관계자에 대한 당시의 상황을 취조하였는바, 본 사진은 8월 23일자『대판조일신문』지상에 게재하였던 마라톤선수 손기정의 사진을 복사한 다음 전재한 것인바, 사진기술자 백운선의 기술상의 과실로 인하여 일장기 및 머리부분에 보통보다 다량의 청산가리농액을 사용하였기 때문에 당해 부분이 불선명하게 된 것이다라고 진술하였으나, 그러나 그 진술이야 말로 몹시 애매해 사진 원지와 아연판을 증거품으로 영치하고 다음날 25일 전기 백운선을 당부에 호출하여 엄중 취조한바 맨 처음에는 지난밤의 진술을 되풀이하고 쉽게 진상

을 진술하지 않았으나 극력 추구한 결과 본인은 이 사진의 게재와는 하등 관계가 없으며, 8월 24일 밤, 경찰부원이 동아일보사에 출두하였을 때 현장에 있었던 차에 편집부원 임병철이, 백운선은 사진기술에 능숙하기 때문에 본인이 손기정의 사진작성 때에 과실로 청산가리를 다량으로 사용하였기 때문에 불선명하게 된 것이다라고 진술하라고 교사하였기 때문에 그와 같이 허위로 진술한 것임으로, 본 사진작성에 관해서는 이길용 외 수명의 관계자가 있으며, 사진기술상으로 볼 때에는 고의적으로 하지 않으면 일장기 부분만 그와 같이 불선명하게 되는 일이 없다라고 진술하였는바, 한편 25일 이른 아침에 당부에서도 사진기술자에게 압수한 원지와 아연판을 감정한 결과, 본 사진은 고의로 일장기 부분을 말소하였다는 것은 하등 의심의 여지가 없다고 결론을 얻게 되었음으로, 이에 따라 즉시 동사 운동부 기자 이길용 외 5명의 관계자를 호출하여 엄중 취조하였는바, 이길용은 8월 23일 오후 5시 경, 동아일보사가 동월 25, 26, 27의 3일간에 거쳐 경성 부민관에서 독자 우대의 올림픽 활동사진을 상영한다는 계획발표 기사를 게재하고 그 다음 란에 마라톤 우승자 손기정의 사진을 게재하고자 8월 23일자 『대판조일신문』에 소재한 손의 사진을 오려내어 조사부원 이상범에게 그 손선수의 사진을 24일 석간에 게재할 예정이니 "그 흉부에 나타난 일장기를 보카시(ボカシ: 불선명의 뜻이라고 말하고 있음)하게 수정하여 달라"라고 명하자, 이상범은 이를 승낙하여 『대판조일신문』을 오려낸 원화에 착색을 한 다음, 이를 동사 사진과장 신낙균에게 제출하였다.

그럴 즈음 편집국 사회부 기자 장용서가 사진과장 신낙균, 동 부원 서영호가 있는 곳에 오더니 서영호에게 이상범의 보카시 만으로는 아직 일장기가 남아 있기 때문에 이를 충분하게 말소시켜 줄 것을 잊지 말라고 다짐을 한 다음, 동실을 퇴출하였다. 이를 승낙한 서영호는 아연판에 현출되어 있는 손의 사진, 가슴에 나타난 일장기 부분에 다량의 청산가리농액을 사용(증거품 영치되어 있음), 이를 말소하여 인쇄부에 돌려 이를 이 신문 석간에 게재한 것이 판명되었다.

(2) 일장기 말소에 대한 의사 목적

일장기 말소에 대한 의견 목적에 관하여 이길용, 장용서 및 서용호 등의 진술에 의하면 우리 『동아일보』지는 조선 민중을 대상으로 하여 창간, 금일에 이르게 된 것으로서, 조선 민족의 의사에 반하는 기사 편집은 이를 삼가지 않을 수 없는 사명을 가지고 있는 것이라고 믿기 때문에 일장기를, 그 사진에 표출한 것과 같은 것은, 조선 민족인 독자가 이를 환영하지 않을 뿐 아니라, 우리 사내에서도 그러한 공기가 있음을 알아차리고 그와 같은 거사로 나오게 된 것이라고.

오히려 이번 올림픽대회에서 손기정이 세계기록을 깨고 우승한 사실에 대하여, 그들은 손기정은 조선인임에도 불구하고 조선 민족의 대표자로서 올림픽에 출장 우승하였다라고 세계에 발표하지 못하고 일본이 우승하였다고 발표하지 않을 수 없게 된 것은 우리들 조선인으로서는 심히 개탄하지 아니할 수 없는 일로서, 우리 신문사에 있어서도 대다수의 사원이 이 뜻을 말하고 있다라고 공술하고 있었다.

四. 사건의 조치

이상의 상황과 같이 판명하여 관계자 이길용 외 6명은 계속하여 당부에서 구속 취조 중으로, 이의 조치에 관해서는 소할 검사국과 협의한 후 결정할 것인바 한편, 본부 당국에서는 위의 사실의 판명에 따라 본 신문지는 치안을 방해한 것으로 인정하여 무기 발행정지의 행정처분에 부치기로 결정하고 8월 27일 오후 5시, 이의 지령을 발하게 되었음으로 본도에서는 즉시 『동아일보』 편집 겸 발행인 송진우를 당부에 호출하여 동 5시 27분 경찰부장실에서 본직으로부터 지령서를 교부한 다음 이의 영수서를 징구하였다.

한편, 관하 각 경찰서에도 즉시 이 내용을 전화 통지하고 특히 본사 소관 경찰서에서는 감독자 이하 4명의 서원을 동아일보사에 파견하여 발행 정지에 따른 집행을 실시하여 당시 발송 도중(철도, 자동차, 우편 등)에 있었던 것과 반포 중인 동 신문지는 대부분 이를 차압하였음.

五. 발행정지 처분 후에 있어서의 신문사의 동정

『동아일보』 사장 송진우는 8월 27일 오후 5시 27분, 본도 경찰부장으로부터 발행 정지의 지령을 접수하자, 즉시 귀사하여, 자동차를 대절하여 배달 감독으로 하여금 당시 경성부내에 반포 중이던 신문지(석간 제2판)의 회수에 노력하며 아직 남아 있던 사원 이하 종업원 일동을 집합시켜 사장으로부터 무기정간처분을 받았다는 취지를 발표하며, 사원은 근신하며 특히 언동에 충분한 주의를 기울여 적어도 불근신이 되는 것과 같은 언동이 없도록 주의하여 신속하게 잔무를 정리하도록 지시하였다. 각 사원은 사안의 의외성에 놀라서 일부 사원 중에는 아연자실까지 하는 자도 볼 수 있었으나, 각자 자기의 분담 업무정리에 착수하고 특히 지방 지국을 담당하는 판매부에서는 조선 내 각 직영 지국에는 전화로, 기타 지·분국 판매소에는 각각 전보로서 발행 정지되었다는 내용을 통신하였다.

오후 6시, 『조선일보』 편집국장 김형원, 동사 주필 서춘 두 사람이 문안차 내사한 것을 시초로 서정희, 주요한 및 회사 중역인 김성수, 장현식, 김용무 기타 친교자 등의 방문을 받고 사장은 오후 8시 5분 김용무, 김성수와 함께 퇴사하고 사원도 이와 전후하여 퇴사하였음.

그간에 불온한 언동 등이 있는 자가 있었으나 대체로 보아 평온리에 시작 및 종료되었음.

3. 일장기 말소하기까지

　　- 이 글은 1947년 7월 1일자 『조선중앙일보(朝鮮中央日報)』 속간호의 특집 기사 「정간 당시를 회고하면서」에 게재한 『조선중앙일보』 일장기 말소 사건에 대한 유해붕의 증언이다. 유해붕은 당시 이 신문의 체육부 기자로, 일장기 말소를 주도했으며, 양정고보의 손기정 선수 후원회원이기도 했다. - (필자 주)

　　일장기말소하기까지
　　이 손으로 부활시켜 통쾌사
　　전 체육부 기자 유 해 붕

　　1936년 8월 10일 상오 1시 31분(독일시간 8월 9일 하오 5시 31분)이라는 시간은 손기정 선수가 백림올림픽 마라손 경기에서 전 세계 각국의 청년(50선수)을 물리치고 최후의 텁을 끈은 때이었다. 아니 우리 조선 유사 이래 처음으로 세계를 제패한 역사적 시간인 것입니다.

　　마침내 승리의 전파가 날러오자 우리의 흥분은 고조에 달하야 울고 뒤고 웃고 부둥켜 앉고 만세를 부르는 등 전 민족의 피는 뛰고 말았던 것이다. 그러나 그 악독한 일제 총검 하에 마음 놓고 만세조차 마음껏 못 부르고 그놈의 눈을 피하여 가며 마치 무슨 죄나 진 것처럼 이 구석 저 구석에서 손을 맞잡고 희열의 눈물을 흘리었다. 축승의 기분은 기어코 우리 삼천리강산에 충만하였었다.

　　『조선중앙일보』는 이 역사적 민족의 승리를 대대적으로 보도하려고 '조선청년이 세계를 놀래게 하였다.', '조선민족의 우수성을 여지없이 발휘하였다.'는 등 기사는 매일같이 민족의식을 북돋는데 노력하였으며 이에 정비례

하여 왜적의 눈초리는 날로 뾰죽하여지고 말았다. 수차 기사가 너무 불온하다는 주의를 받았으나 당시 사장이든 몽양 여운형 선생은 필자 보고 "붓대가 꺾어질 때까지 마음껏 민족의식을 주입할 것이며 그놈들의 주의를 들을 필요는 없다"고 말하였다.

　　8월 14일 오후에 손군이 승리한 문제의 사진이 백림에서 일본 동경으로 전송되어 『대판조일신문』이 게재한 것을 일장 마ー크 만을 말소하고 전사(傳寫) 발행하였으나 그후 수일을 경과하도록 무사하였다. 약 일주일 후 정식 사진이 『동맹통신』을 통하여 온 것을 동업 『동아일보』는 역(亦) 우리와 같이 일장 마ー크를 말소하고 게재한 것을 발견 당하야 이길용씨 외 6,7명의 『동아일보』 기자 제씨가 경기도 경찰부에 피검되자 당시 『조선중앙일보』 체육부 기자로 있던 필자도 1주일 전에 이미 좀 명백치 못한 전송사진을 이용하였으나 일장 마ー크만은 말소하였으니 발견만 당하면 기필코 피검될 것을 각오하였다. 다만 문제는 어찌하면 희생자를 많이 내지 아니하고 필자 자신만 피검을 당하도록 할 것인가가 오히려 난사였다. 9월 1일 이슬비가 내리는 날 덕수궁으로 들어가 그 놈들의 무름에 어찌 대답할 것인가를 홀로 앉어 묵고하다가 신문사로 우산을 휘두르며 휘파람을 불며 태연한 빛을 보이고 들어가자 예측한 바와 같이 벌써 그곳에는 경기도 경찰부 조선 형사 수명이 대기하고 있는 것을 발견하였다. 물론 끌려가 고문을 당하였다. 그네들은 일장 마ー크 말소를 혼자 했다고는 믿지를 아니하는 것이었다. 어떻게 하든지 연관 관계자를 발견하려고 애를 쓰는 것이 보였다.

　　조선민족의식이란 깨알만큼도 조선인 탈을 쓴 형사가 더욱 미웠다. 그때의 그 개들이 지금도 경관인 것을 볼 때는 더욱 증오의 감이 북소사 때때로 참을 수 없을 때가 많다. 필자만 이러한 감정을 갖고는 있지 안이 할 것이다. 과거 해내 해외의 다수 혁명투사는 누구나 일제시대의 악질 경관의 숙청을 부르짖고 있는 것을 듣고 있다.

그들은 조선의 완전 독립을 두려워하고 있을 것이다.

그때 일장 마―크를 말소하였다고 우월감을 가진 일은 한 번도 없다. 그 이유는 『조선중앙일보』 사내의 사상의 조류는 당시 으레 어떠한 때든지 일장기 같은 것은 일차도 게재한 경험이 없다.

그럼으로 누구든지 필자의 자리에 있으면 역(亦) 왜적의 기를 말소하였을 것이다. 이와 같이 하여 1936년 9월에 우리 『조선중앙일보』는 왜적에게 무기정간을 당하여 10여 년이 되고 또 해방이 되어도 세상에 아니 나와 우리는 그 얼마나 그리워하고 안타까워하고 초조했던가. 그러나 『조선중앙일보』는 나오게 되었다. 우리들의 위대한 전우인 그를 금일 만천하 제씨 앞에 나서게 되었다. 과거도 인민을 이익을 위하여 싸워왔지만 금일부터는 더욱 인민의 혀가 되고 전사가 되려 한다. 『조선중앙일보』가 일제 악정 하에 필연적 정세로 정간을 당하였다. 하지만 그놈들에게 좋은 구실을 주게 한 필자는 10여 년간 항상 마음이 아프다가 동지제씨와 더불어 제기를 기도하야 속간케 되니 이 마음은 청공에 나를 듯한 감정으로 참다운 마음의 해방을 얻은 것 같다.

4. 세기적 승리와 민족적 의분의 충격
소위 『일장기 말살』 사건

이 길 용

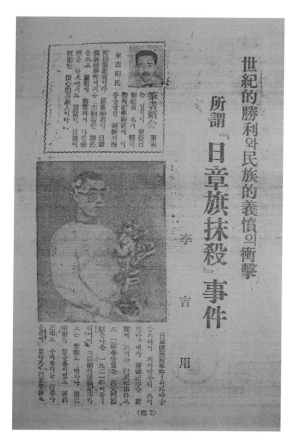

『신문기자수첩』에 수록된 이길용의 기고문

모던출판사에서 1948년에 발행한 『신문기자수첩』에 "필자는 일찍이 『동아일보』 기자로서 특히 체육기사 보도에 이름을 날린 조선의 체육 공로기자이다. 손기정 군의 일장기 말살 사건에서는 주동자란 죄명을 쓰고 경찰에 구금되어 가진 악형을 받으면서도 당당히 일헌에 항거한 양심적 언론인이다."라고 소개되어 있다.

─ 이 글은 해방된 후 처음 발표한 일장기 말소 사건 전말기로, 사진의 출처, 당시 『동아일보』 기자들의 일제에 대한 저항 정신 등 일장기 말소와 관련한 증언으로, 이 사건을 이해하는데 중요한 자료라고 할 수 있다. 당시의 이길용(1899년 8, 15─ 납북)은 1919년 대전철도국 근무, 상해임시정부 기밀문서를 전달하다가 일경에 피체되어 3년간 옥고를 치르고 출옥하여 22년 『동아일보』에 입사, 27년 7월 본사 사회부로 옮겨 체육기사를 써 체육 취재기자의 선구자가 되었다.

1936년 손기정 선수의 사진에 나타난 일장기를 말소하는데 관여해 옥고를 치르고, 끝내 이 회사를 떠났다.─(필자 주)

일장기 말살 사건! 이 가닥을 잡으려니 저 가닥부터 쓰여진다. 내가 운동 기사를 신문에 쓰기는 기미년 사건으로 2년 동안 있든 서대문감옥을 나온 1921년 여름부터이니, 그 이전의 운동기사라고는 신문도 단 하나 『매일신보』가 있을 뿐이었고 운동기사도 우리끼리는 행사다운 것이 없다가 기미년 후로 조선체육회란 커다란 존재가 탄생된 이래 전국적 행사가 활기를 띄우면서부터니 모두가 27년 전부터의 일이다.

이 동안 3년간 『조선일보』로 동아의 대부대가 넘어갈 무렵에 내 역시 도매금에 묻어갔다고 할가? 좌우간 화동서 수표교로 넘어가 있다가 1927년 9월에 다시 광화문 네거리 동아로 돌아와 있기를 10년 되는 1936년 여름의 일이다. 달은 8월이오, 날은 9일이니 이것이 이른바 '일장기 말살 사건'의 몸서리 처지는 기념할 역사의 날이다.

예까지 이르는 동안 나의 머리에 뚜렷이 남아 있는 사건은 을축년 수해 영남 낙동강의 탁류 출장사건, 이해 정읍의 마의 교주 차천자 면담사건, 1925년 이른 봄 전남 해남의 '엠에이틴 주사사건'의 경계망 돌파 3일간, 1932년 내 약혼 중이든 이른 봄, 경기 장호원에서 충북 장호원으로 강원도 문막으로 또다시 경기 오산에서 일약 충남 아산으로—이렇게 신출귀몰하게 홀왕홀래하는 권총사건의 주인공을 따라 풍찬야숙 반삭에 이윽고 호위 경계망은 아산 온양에 있건만 조치원에서 체포된 힌트를 잡은 내가 선착으로 달려가 사건을 중대시 했던 만큼 그 밤으로 공주(당시 충남경찰부 소재지)로 경찰부장 자동차에 호송하는데 범인 동승 80리 사건, 이해 가을 바로 9월 1일 제10회 세계올림픽이 미국 나부에서 마치고 난 뒤 일본의 국빈으로 동경을 들러 조선을 거쳐 가는 국제올림픽위원회위원 슈미트 박사 초청강연사건, 1933년 11월 중순 영하 30도의 동만소 국경으로 차 소위 만주사변 당시 15일간 끌려 다니며 사선을 돌파한 사건—등 얼른 손꼽아 몇 가지가 있었다.

그러나 그보다도 두고두고 또 죽어도 잊지 못할 중대사는 아까 말한 1936년 백림 올림픽 마라톤의 일장기 말살 사건 그것이다. 사건이라기보다는 어마어마한 일대 사변이니 『동아일보』란 크나큰 기관의 문이 닫혀졌고 날마다 중압 속에서일망정 왜정의 그 눈초리를 받아가면서도 조석으로 그렇게도 우렁차게 활기 있게 굴든 윤전기가 시름없이 멈춰 녹슬고 있으며 사진반의 백운선 그리고 사진부의 서영호, 당시 사회면 편집자 장용서, 고 임병철, 사진부장 신낙균, 화백 이상범 제동지 차례차례로 경기도 경찰부에 피검되고 이날 하오부터는 애꿎은 비조차 퍼붓는 석양에 마지막으로 내가 잡혀갔으며 그 익일에는 당시 사회부장인 고 현진건 형이 잡혀 들어왔고 그 후로 신문에 실었든 동판을 그대로 『신동아』지에 실었다고 해서 당시 동지의 편집책임자 최승만 형과 동지 사진반 송덕수 씨까지 잡혀 들어오니 단 여섯 방 밖에 없는 경찰부 유치장은 대거 10명의 사우로서 난데없는 매의 합숙소가 되었든 것이다. 이 어찌 끔찍끔찍한 일대 변사가 아니랴.

　방의 배치는 가운데를 턱 막아놓고 서 1방에 현진건, 서 2방에 필자와 임병철 서 3방에 서영호, 동 1방에 백운선, 신낙균, 동 2방에는 이상범, 최승만, 송덕수, 동 3방에는 장용서- 이러하다.

　감격의 1936년 8월 9일! 서울 시각으로는 8월 10일 하오 11시! 당시 조선체육회간부 김규 씨 외 수인과 손선수의 모교 양정중학의 안종원 교장, 고 서봉훈 부교장, YMCA체육부 당시간사 장권, 고려육상경기연맹 이사 최재환, 제10회 세계 올림픽 마라손 선수 김은배, 동 권투선수 황을수 등 제씨가 백림 스타디엄으로부터 현장 중계방송 전파를 들으러 『동아일보』의 사장실에 모여 있었다. 궁금 또 초조 속에 밤은 각각으로 깊어간다. 때마침 전년까지 독일 백림에 체류하여 올림픽과 더욱이 마라손 코-스에 익숙한 안철영 씨가 합석하여 일실의 탁상에는 백림의 마라손 코-스 도면이 놓여 있어 흥미를 글자그대로 완연 현장으로 이끌고 있었다.

　이윽고 전파다. 때는 자정도 지난 새벽 한시반이다. 일착 일착 거듭 부르더니 손기정 선수가 선착! 타임은 2시간 29분 19초 2, 그나마 세계올림픽 신기록! 또 둘째가 영국의 노장 하퍼, 타임은 2시간 31분 23초 2! 그리고 셋째가 우리의 남승룡 선수다. 타임은 2시간 31분 42초. 전파의 그 뒤를 더 들을 겨를도 없고 필요도 없다. 한편은 호외요 한편은 메가폰으로 확성가두 선전 속보다. 내 일신을 둘로 셋으로 쪼개도 모자랄 지경이다.

　이 순간의 감격은 비단 동아 사장실의 일당만이 아니다. 사전(社前)에 야심한 삼경이언만 운집한 대군중 모두가 전파 일성에 환희 일색이오, 함성환호 뿐이다. 우주의 기쁨이오, 감격이며 인류 승리의 만세다. 목이 터지게 외치는 '손기정만세!' 성은 기미년 독립만세성에 방불한바 있었다. 1925년의 6·10

만세와 1929년의 11 · 3 광주학생사건의 만세와는 유다른 초월한 그야말로 만세일색이었다. 그것은 6 · 10만세나 광주학생사건의 만세는 목놓아 맘 펴놓고 부르지 못한 왜경의 눈을 피한 만세성이었다면, 이번 마라손 승리의 만세성은 암만 목 높이 불러도 잡아갈 놈 없는 왜정에 이른바 합법적 만세이었기 때문이다.

첫째한 손선수가 수립한 신기록과 둘째 영국선수와의 차는 124초 이오, 남선수의 셋째 기록은 영국선수보다 단 18초 8의 차이니, 말하자면 둘째에 못지 않는 남군의 기록에는 더욱 놀라지 않을 수 없는 거듭 기쁨이다.

여기서 우리의 흥분은 단군의 거룩한 한줄기 피를 우리 맥박 어느 혈관 어느 한 낱의 세포에까지라도 그대로 스며 있는 한민족 본래의 본연으로 되돌아가는 민족혼에로! 아지 못하는 가운데 이끌려지고 말았다.

마치도 제아무리 불효나 부덕한 자라도 심히 기쁘거나 아주 괴로울 때 그 극에 달하면 '아이구머니냐' 나 '아이구하느님' 을 부르게 되는 심경 그대로다. 이것이 인간의 본능이다. 세인의 이목을 놀래게 하고 물의도 구구하였는 소위 '일장기 말살 사건' 이란 이러한 흥분과 민족적 감격에서 빚어진 것이다. 누구 하나의 기술의 과실도 아니오, 또 과오도 아니다. 짐짓 일을 버러짐어 물의를 자아내려는 기도도 아니다. 심산(心算)도 아니다. 제각기의 비판도 평론도 제멋대로이지만 인사받기도 심히 괴로웠던 일장기 말살 사건이란 대체의 윤곽이 이러하다.

이것이 송두리째 숨어 있기를 10년! 해방되어 가지고 영문으로는 미 주둔군 보도진을 통해서 쓰여졌지만 이처럼 자세히 쓰여지기는 내 알기에는 자기 자신의 관여한 일이라 이것이 처음 되는 자술이다. 머리가 지긋지긋하던 그 당시의 묵은 기억을 일깨우니 감개가 자못 무량하다.

1945년 8월 15일 해방과 동시에 내 집 뒤주 밑바닥에 깔아 감추었든 옛날의 태극기가 성북산촌의 내 초가대문에 올릴 때 감격도 감격이려니와 그해

9월 7일 미군이 진주하면서부터 익 8일 하오 4점을 금(線)잡아 36년 동안 이 강산에서 고혈을 빨아먹든 총독부 간판 때처젓고 이 시각부터 일장기는 땅에 떨어지며 그 자리 경복궁 옛터에 깃발로 찬연한 태극의 옛 국기가 오랜만에 풍년든 이 강산, 이 가을바람에 나부낄 때, 이 순간의 필자는 자신의 얼도 넋도 분별할 수 없는 무아몽중이다. 감분(感奮)의 극적 장면이었다.

　뭐니뭐니하든 일장기 말살 사건의 이 사람이기 때문에 더욱 그러했다. 모두가 인사다. 1936년 당시의 인사와는 성질이 아주 확 변한 인사다. 그 순간에 뉘 못지않게 나의 감회 자못 가슴을 찌르고 감격의 눈물이 옷깃을 적시운다. 인사받기가 싫어서 인파의 속을 피하였다. 같지 않은 자들의 인사가 더욱 나의 맘을 괴롭히는 한편 공연히 의분의 두 주먹이 쥐어지기 때문이다.

　일장기란 내 집 대문에 달아본 적이 없었다. 달건, 아니 달건 눈에 잘 띄지 않는 산골 숨은 집인 때문도 있겠지만 그러나 이 사건 후로는 아니 달 수는 없었다. 은거 10년! 기 달라는 날 빼놓지 않고 달았건만 1941년과 1944년 두 차례나 서대문감옥에 사로잡힌 놈이 되었으니 도대체 기 달고 안 다는 것이 문제가 아니었다. 창씨를 못했고 학병 권유를 해야 할 동리의 처지에 있으면서도 참아 권해보지 못했다. 다만 소위 장행회 식사에는 "저들 우리 겨레의 유위한 청장년들이 조선의 죄 값으로 산(生)제물이 되거니-" 할 때 울며 보냈을 뿐이다. 전지에서 '견사각오(犬死覺悟)'란 편지도 왔었지만 나는 답 한 장 한 일이 없다. 뭐라고 하래!

　동아지상에 내 자신이 태극기를 지우고 실린 사건이 한번 있었다. 이러고 보니 '태극기 말살 사건'이 있었단 말이다. 1932년 미국 로스앤젤레스에서 열린 제10회 세계 올림픽대회에 출장한 조선의 아들 3선수(김은배, 권태하, 황을수)를 그곳 미국 체육관계자와 교민 동포들이 환영회를 성대히 하였는데, 그 장면 사진을 동아지에 게재했던 일이다.

　정면 벽에는 우에 미국 성조기와 좌에 태극기가 꼭 같은 광장으로 크게 걸려있고 그 앞에 우리 3선수 또 그 좌우에는 당시 중국올림픽진대표의 신국권 씨(현 중앙청 외무처장대리 신기준 씨), 미국 체육관계자들, 역역한 제씨였다. 싣기는 실어야 겠는데 태극기야 그대로 실을 수가 없었다. 그래서 태극기만 지우자니 한 편에 뭣을 지은 자리가 있을 것으로 눈치를 경무국 도서과 패에게 뵈었다가는 그것도 딱한 일이라. 모진 시어머니 눈치 피하는 격이었지만 좌우간 미국 기까지 두 기를 모두 지워서 인물 본위의 사진을 실은 일이 있다.

그와 반대다. 동아지가 태극기를 짓기는 한번이지만 일장기 말살이란 항다반(恒茶飯)으로 부지기수다. 세상이 알기는 백림 올림픽 마라손의 일장기 말살 사건이 이길용의 짓으로 꾸미어진 것만 알고 있다.

무리도 아니다. 사내의 사시라고 할까, 전통이라고 할까, 방침이 일장기를 되도록은 아니 실었다. 우리는 도무지 싣지 않을 속심이었던 것이다. 내지라는 글을 쓰지 않은 것과 마찬가지다. 지방이건 서울이건 경향간에 신문지 게재해야 할 무슨 건물의 낙성식이니 무슨 공사의 준공식이니 얼른 말하자면 지방면으로는 면소니 군청이니 또는 주재소니 등등의 사진에는 반드시 일장기를 정면에 교차해 다는데 이것을 짓고 실리기는 부지기수다.

이러한 우리로써 어찌 손기정 선수 유니폼에 일부러 그려넣은 듯한(전송사진으로서는 너무 일장 마크가 선명하였다 = 문제의 사진은 『대판조일』 전송 소재) 일장 마크를 그대로 실을 수 있을 것인가. 이것이 월계수 화분을 들고 촬영한 손선수 인물로는 처음인지라 넣고 싶은 욕심에 그것을 오려서 화백 이상범 형(당시 동아사 근무)에게 좀더 수정을 하되 일장 마크를 아니 보이도록 부근을 흐려버리라고 필자가 부탁을 하였다.

그 당시의 감분과 환희가 부지불식간에 조선 민족혼의 본연으로 돌아갔고 무엇 하나 겁 없는 승리의 환열이 조선 이 땅의 청년에게 큰, 새로운, 빛나는 힘을 부어준데 도시(都是)가 도취되었든 것이다.

163

운동 기자 생활 16년! 이처럼 흥분되고 기꺼운 때가 또 언제 있었으랴. 이러든 나는 이 나라의 아들인 손선수를 왜놈에게 **빼앗기는** 것 같은 느낌이 그 유니폼 일장 마크에서 엄숙하게도 충격을 받았다.

그렇게 괄시를 하고 '요보 시오가나이'라든 자들이 저희가 세계올림픽에 처음으로 진출하던 24년 전, 마라손으로부터 내리 마라손에는 꼭 승리한다고 버티고 덤비다가 달치 못한 숙망을 우리 손선수가 우승을 하고 나니 그제부터는 그다지도 낯간지럽게 '20여 년의 숙망달성! 우리들의 손선수 당당우승!' 이러한 제목이 일문 각지에 대서특필하는 꼴을 볼 때 어찌 민족적 충격과 의분이 없겠는가.

갖은 차별과 온갖 천대를 알뜰히 다하고 나서 우승하고 나니 덤비는 양은 민족적 의분은 그만두고라도 인류의 양심으로서 가증키 짝이 없었다. 이러한 환경과 분위기 속에서 빚어진 일장기 말살 사건이란, 뉘 노도를 막을 자 – 없음과 같다고 할까. 그저 – 해내의 우리는 개선의 날을 손꼽고 목을 노아 기다리고 있을 지음 그해 8월 25일부 24일 석간 사회면에 실린 사진으로 – 그 저녁 신문은 압수를 당하니 압수쯤은 항다반이었지만 이 저녁 압수만은 서두는 품이 벌써 수상하지 않았다. 아니나 다를까, 익 25일 이른 아침부터 서두에 말한 차례로 잡혀 들어가니 도합 10명, 그들의 고문은 사의 방침이 그러하지 않느냐는 둥 고인 된 고하 송 사장이 시킨 것이 아니냐는 둥, 김준연 주필이 그렇게 시키지 않았냐는 둥, 그러면 네 혼자의 의사이었느냐에 집주해서 고문은 연일 연발이었다. 그러나 사건은 사회면에 실린 탓으로 당시 사회부장고 현진건 형으로 끝났고, 운동의 책임자로 이것을 시켰다는 것으로 필자에게서 끝이고 마니 이것이 이른바 일장기 말살 사건이다.

손기정 선수가 가지고 온 당시의 월계수는 송군의 모교 양정 뜰에서 잘 자라 2층 창까지 커 있으니 길이길이 자라는 월계나무와 함께 이 나라 마라손 왕국의 철옹성은 두고두고 더욱 빛나며 찬연한 마라손 탑이 이 나라와 및 이

나라 젊은 아들들과 더불어 한층, 한층, 또 한층 무장무장 오르기를 빌며 특히 이 사건의 동지 중에 고인 된 현진건, 임병철 두 동지의 명복을 삼가 빈다.

　　1947년 1월 5일(성북산제에서)
　　(필자, 동아일보사업국차장, 전 동사운동부장)

5. 일장기 말소 사건 20년간의 회고기

이 상 범(李象範, 1897~1972)

　– 충청남도 공주 출생의 화가, 미술담당 기자. 『시대일보』, 『조선일보』를 거쳐 1927년 10월 『동아일보』에 입사해 조사부 미술 담당 기자로 재직 중 일장기 말소 사건으로 구경기도 경찰부에 연행되어 고초를 당했다. 이 글은 일장기 말소 사건 20주년을 맞아 8월 17일부터 25일까지 『동아일보』 지상에 연재한 회고담을 여기에 옮겼다. –(필자 주)

一. 머리말

　　단기 4269년(서기1936) 8월 27일은 우리 『동아일보』(이하 본사라 약칭)가 제4차로 무기정간을 당한 날이고 바로 그 3일 전인 25일과 전날인 26일은 우리 사원 동지가 경기도 경찰부 왜경의 손에 대검거를 당하던 날이다.

　　세월은 덧없이 흐르고 흘러 어느덧 금년이 20주년이 되고 말았다. 이렇게 한쪽으로 사원 11명이 검거를 당하고 또 한쪽으로 본보가 정간을 당한 이유는 그 당시 왜인들이 지칭한 소위 일장기 마ー크 말소 사건이 바로 그것이다.

　　이하 이 사건의 내용과 본보의 정간 및 그 사원들의 수난사실과 아울러 그 후 관계동지의 유물 등을 수록하여 그 때의 기억을 새롭게 하려 한다.

　　그해 8월 9일은 우리의 마라톤 왕 손기정 선수가 독일의 수도 백림에서 열린 제11회 세계 올림픽 대회에서 30개국의 60여 선수들을 물리치고 소정 코스를 42킬로 195메다를 2시간 29분 19초 2의 세계신기록으로 주파하여 전세계에 그 위명을 날린 날이었다.

　　그러므로 당시의 신문잡지 특히 우리말로 간행된 본보, 『조선일보』, 『조선중앙일보』는 그의 쾌승 뉴스를 호외 또는 본지에 기사와 사진을 섞어 게재하여 독자에게 알리었다. 그러나 이렇듯 통쾌한 첩보를 만천하 동포에게 알리면서도 무엇인가 말 못할 가슴에 뭉클한 것이 있었으니 그것은 말할 것도 없이 손선수가 뚜렷한 배달의 피를 가진 한국인이었만 그가 한국민족의 대표로 간 것이 아니고 일본국 선수로서 일본국기 밑에서 동작하였던 것이다. 그러므로 나날이 계속해 오는 뉴스에서 손선수의 가슴에 일장기 표식이 붙은 사진을 대할 때마다 가슴이 쓰리고 뼈가 저리던 것은 그 때의 온겨레가 똑같이 당한 일이지만 더구나 이러한 보기 싫은 사진을 신문에 게재하게끔 된 당시의 신문기자 – 특히 편집과 사진에 관계한 사람으로서는 말할 수 없는 고충을 맛보게 되었던 것이다.

二. 사건의 전말

그 때 나는 본사 조사부에서 미술부문의 책임을 가지고 있었는데 8월 24일 상오 11시경에 운동기자 이길용 씨가 손선수의 사진 한 폭을 보내면서 편집국 여사동(지금은 그 애의 성명조차 망실하였다)에게 "손선수 흉부에 있는 일장기 마–크를 지워달라"는 부탁의 말을 전하여 주었다. 그런데 그 전언이 분명치 못하여 나는 이길용 씨에게 구내전화를 걸어 이에 대한 구체적인 얘기를 듣고 그의 뜻을 알았다.

물론 이런 일이 혹시나 무슨 문제나 되지 않을까하는 걱정도 없지는 않았으나 고어(古語)에 시인은 의사동(詩人意思同)이란 말과 같이 나 역시 그것이 꼴보기 싫던 판이라 다시 고려할 나위도 없이 그의 말대로 호기있게 정성껏 말소해 가지고 사진과 제판실로 돌렸다.

그 후에 알고보니 그 전날인 23일 (일요일) 오후 3시경에 편집국에서 이길용 씨가 이 사진에 있는 일장기 마–크를 도분말소(塗粉抹消)할 터이니 명일 석간 2면 톱으로 게재하여 달라고 당시 주간 편집자인 장용서 씨에게 동의를 얻었다고 한다.

문제의 이 사진은 당시 일본 대판조일신문사에서 발간한 주간 『조일스포츠』에 게재된 것으로서 손선수가 머리에 월계관을 쓰고 두 손으로 감람수분을 들고 수상대 위에 올라선 것인데 그 표표(漂漂)한 체구에 유감스럽게도 그 흉부에 일장기 마-크가 너무도 뚜렷하게 나타났던 것이다. 그런데 이 도분말소한 사진은 동판이 되어 본보 당일 석간(제5,657호)에 실려서 수많은 독자의 손으로 대부분 넘어갔다.

　　그 뒤에 우리가 서로 만나서 얘기하고 피차 웃은 일까지도 있지만, 편집자 장용서 씨는 그날 내가 그 사진 원본을 제판실로 넘긴 뒤에 제판실(3층)에 가서 사진과원 서영호 씨에게 "약을 충분히 쳐서 깨끗하게 잘 말소하라"고 부탁하였다고 한다.

　　그날 석각에 나는 퇴근하여 어느 친구와 같이 석양 배 몇 잔을 하고 좀 일찍이 귀가하였는데 조금 전에 사에서 사람이 와서 어서 들어오라는 말을 하고 갔다는 것이다.

　　그래서 나는 되돌아 신문사로 와서 편집국에 들어서니 조간반원 전부가 국장 책상을 중심으로 본보 석간을 펴놓고 돌아앉았는데 매우 긴장, 침울한 태도였다.

　　"청전선생 손선수 사진이 압수가 되었다오." 하며 와락 내 앞으로 나서며 걱정하는 사람은 고 임병철 씨였다. 씨는 조간 편집담당자이었는데 그는 황황이 공장으로 들락날락하더니 다시 나에게 와서 "큰일 났습니다. 경기도 경찰부에서 일인 경부보가 제판실에서 지금 손선수 사진을 다시 제판시키고 있는데, 일장(日章)을 더 똑똑하게 만들어 기어코 압수한 석간 본지에 게재인쇄하라고 독촉을 하고 있어요. 그러니 청전선생은 모르는 체 하고, 어서 댁으로 돌아가시오." 하고 일변 조간 편집에 분주하고 있었다.

　　항례로 말하면 신문 압수의 경우에는 경무국 도서과에서 소할 종로경찰서를 통하여 신문 차압 명령서를 광화문통 파출소 순사가 본사에 지참하여 제시한 후 인쇄된 신문을 가져가면 우리는 그 압수부분의 기사나 사진을 연판에서 끌로 깎아버리고 신문의 호수 없이(다시 말하면 일종의 호외) 인쇄 배포하는 것이어 늘, 이날따라 간부급 경찰이 일부러 입회하여 그 사진을 다시 넣어서 인쇄 배포 케 하는 데에는 새삼스럽게 전 사내가 긴장 전긍(戰兢)치 않을 수가 없었다.

三. 대검거 개시

그 익일인 25일에 나는 평상대로 아침시간에 출근하였더니 사내 공기는 간밤보다 더한층 침중음울(沈重陰鬱)하였다. 들으니 간밤에 편집이 끝나자 임 병철·백운선 양씨는 입회경관에게 끌리어 도경찰부로 붙들려갔다는 것이다.

편집국에 내려가 보니 약간 긴장해 보이나, 별다른 기색이 없이 평시대 로 일을 하고들 있었다.

장용서 씨는 주간 편집에 착수하고 있는데 사회부장 현진건 씨는 어찌된 일인지 아직 보이지 않았다.

이 날 비는 아침부터 내리기 시작하여 온종일 폭우로 쏟아졌다.

오후 2시경에 임병철·백운선 양씨는 무사 석방되었다는데 사에는 오 지 않았고, 들리는 말에 백씨는 매를 많이 맞았다고 한다. 나는 은근히 피검 될 것을 대기하고 있었는데, 아닌게 아니라 오후 3시가 될락말락해서 경찰부 에서 왜인 1명 조선인 2명의 형사대가 들어닥치었다. 제일 먼저 나와 장용서 씨를 찾는다는 말을 사동 아이가 전하여주기에 나는 3층에서 내려와 바로 사 장실에 들어가 고하 송사장께 작별의 인사를 드리고 편집국에 나와서 장용서 씨와 함께 놈들에게 끌리어갔다.

그 순간에도 장용서 씨는 사회면 대정(大訂)을 보고 있었는데 그것도 채 끝내지 못하고 끌려간 것이다.

그 놈들 중 한 명은 편집국 책상을 샅샅이 뒤지는, 소위 가택 수색을 하 였는데, 그 뒤에 우리들 사가(私家)에서도 이 수색 행동을 하였던 것을 우리가 석방되어서 비로소 알았다.

이날은 제1착으로 우리 두 사람 그리고 사진과원 서영호 씨가 잡혀갔는데 그것은 그놈들이 우리 3인을 제1차적으로 사건의 직접책임자로 규정하였던 것이다.

그 다음날인 26일에는 대강 우리를 취조해보더니 웃줄(상층부)을 걷기 시작하여 사회부장 현진건, 사진과장 신낙균 씨를 붙잡아서 종로경찰서에 유치하였다.

이날 밤 늦게 잡지부장 최승만 씨(본사 잡지부 『신동아』 책임자)가 붙들려 왔는데, 씨는 나의 감방으로 들어오더니 저성으로 사진과원 송덕수 씨도 잡히어 옆 감방 장용서 씨 있는데로 들어갔다고 말하여준다. 뒤이어 잡지 『신가정』 편집자 변영로 씨도 붙들려왔는데 이분들이 붙들려온 이유는 첫째로 최·송 양씨는 『신동아』에 낸 손선수의 사진에 일장기 『마아크』가 좀 선명치 않다는 것이고 둘째로 변씨는 『신가정』에 손, 남(승용) 두 선수의 각부사진을 뚜렷하게 노출시켰다는 것이라 한다. 놈들이 변씨에게 트집을 잡기를 "손·남의 사진 중에서 전신형을 내지 않고 하필 각부만 냈느냐?" 하기에 예의 유모러쓰한 변씨는 "아니 여보시오, 마라톤 경기에 다리가 제일이지 얼굴이나 전신이 무슨 관계가 있소, 그래서 그 건장한 다리를 일부러 독자에게 보이기 위하여 확대 게재하였소" 하고 대답하였더니 놈들도 어이가 없는지 웃으면서 "그러나 그것은 풍속괴란죄(風俗壞亂罪)에 해당하오" 하며 얼음얼음 하더라는 것이다. 다행히도 이 정도의 문초 끝에 변씨는 며칠 밤 고생하다가 무사히 석방되었다.

四. 일경의 악형

그런데 이놈들이 우리를 취조하는데 처음에는 보통 하오 4시 이후에 한 사람씩 취조실에 불러내서 수족을 결박하여 벤치에 앉혀 놓고 놈들이 미리부터 꾸며가진 취조취지를 읽어가며 말소한 이유와 경로 또는 상층부가 지시한 것처럼 족닥거리는 것이었다.

"이것봐, 이 사건은 너의 사장, 주필, 편집국장들이 사전에 지시 명령한 것이지" 하면서 갖은 악형을 행하는 것이었다. 나는 원체 체약해 보인까닭인지 그 놈들에게 두 번 몹시 악형을 당한 뒤로는 큰 악형은 아니 받았으나 장용서, 이길용, 서용호 씨 등은 벌(罰)물(냉수를 네다섯 빠께쓰를 먹었다는 것)도 켜고 격검(擊劍)대로 맞기도 하고 그놈들이 타고 올라앉아서 짓누르는 것도 당하고 이놈저놈의 발길에 죽게 채이기도 하고 따귀맞기, 귀밋잡고 매미돌리기 등 갖은 악형을 당하였다.

좀 요절할 일은 일단 석방되었던 임병철 씨는 임씨의 인상이 음험하고, 함북 출신이고 또 묻는 말을 명랑하게 대답하지 않는다는 이유로 다시 잡아다 놓고 공산당과 무슨 연락이나 있는 듯이 생트집을 하면서 상당히 악형을 하였다는 것이다.

그러나 임병철 씨는 앨리바이가 성립되어 며칠 후에 석방되었다.

나는 첫 번 취조를 당할 때에 아무쪼록이면 사건을 무사히 해볼까 하고 일장기 마아크 말소 도분한 것에 대하여 기술상 흐릿한 사진을 수정 선명케 하기 위하여는 부득기 수묵(水墨)도 칠하고, 백분(白粉)도 바른다고 ─ 말하자면 놈들을 어불정하고 구어 삶으려고 수작을 댔는데, 처음에는 놈들이 그럴 듯하게 듣고 고개를 끄덕하더니 무슨 생각인지 다시금 머리를 이리저리 흔들고 나서 좀 있다가 나를 방 한구석에 처박아 놓고 무엇인가 보이지 않게 가려 놓더니 그날 사진원고를 가지고 조사부에 왔던 여 사동을 불러다놓고 사건전말을 묻는 것이었다.

이 아이도 처음에는 "나는 몰라요" 하고 얼마쯤 버티었으나 원체 놈들이 딱딱어리고 호통을 치는 바람에 견디다 못하여 이길용 씨가 조사부 나에게 사진을 보내던 애기와 또 둘이서 전화로 말하던 예기를 자초지종 일호차착(一毫

差錯)도 없이 대답하는 것이었다.

일이 이쯤 된 바에야 나는 더 변명할 도리도 없고 이 이상 더 할말조차 없어서 그저 어물어물해 버렸다.

이길용 씨는 그 소녀가 나간 뒤 얼마 아니되어 비로소 잡히어 왔는데 그날은 우리들이 끌려온 후 3일째 되던 27일 정오경이었다.

五. 정간과 관계자

그 당시 왜경놈들은 이 사건을 트집잡아 가지고 『동아일보』를 중심한 거물급 인사를 총 검거하고 우리의 언론기관을 말살하여 신임한 왜 총독 남차랑(南次郎)에게 아부하여 보려고 대 흉계를 꾸민 것이었는데, 검사국 의견이 본 사건 자체는 처벌대상이 못 된다 하여 사법 처형은 단념하고 행정처분으로서 27일에 『동아일보』를 무기정간시키고 말았다.

사세(事勢)가 이쯤 되고 보니 놈들은 다시 우리를 취조할 맥까지 무너져서 구류갱신으로서 우리들을 철창 속에 처넣어 두었다.

나는 본업이 화가인 줄 놈들도 잘 알고 있었으므로 4일 후부터는 특히 나를 형사실에 불러내어 그림을 그리라는 것이었다.

우리가 철창에서 고생한 33일 만인 9월 26일 하오 5시에 일동 8명은 소위 고등과장이란 일인 강모(岡某)에게서 일당 훈시 얘기를 듣고(귀에 들렸을 리 만무나 무슨 소리를 지껄이었는지 한마디도 기억할 수가 없다) 쇠약한 몸으로 개별 석방되어 오래 그립던 자기 집으로 돌아가 자유의 몸이 되었다.

그 뒤에 본보 재판소 출입 오기영 기자의 말을 들으니 "사건 관계자를 처벌하는 데는 치안유지법 보안법 제령 제7호 및 신문지법 등이 없는 것은 아니었으나 경성지방법원 검사회의에서 용의자들에게 적용할 법조문 - 즉 일장기에 모욕을 가한 자는 징역 얼마에 처한다. 등 -이 없는데 어떻게 처벌하느냐? 그러니 전원 석방해야 한다"고 결정하였다는 것이다.

당시 왜제(倭帝)의 형법에는 제92조에 일본 국민으로서 외국에 대하여 모욕을 가할 목적으로서 그 나라의 국기 기타 국장(國章)을 파괴 · 제거 또는 오손한 자는 2년 이하의 징역 또는 2백원 이하의 벌금에 처하되 단 외국정부의 청구를 기다려서 그 죄를 논한다고 규정되어 있으나 일본국장 모독에 대한 처벌규정은 없었던 것이다.

아무리 악독한 그 놈들일망정 법률 해석에는 분명하였던 모양이다.

六. 대량 파면과 동아일보 해정

그 뒤에 한 달이 지나도 무소식, 두 달 서 달이 지나도 깜깜하여 본보의 정간 해제는 거의 가망이 없었다.

그 때는 마침 왜제가 만주를 침탄(侵呑)한 지 3년 후이고 정차 중 · 일전쟁과 태평양대전을 꿈꾸고 있었을 무렵인지라, 우리의 얼을 말살하는 행동에는 실로 전 민족이 전율하지 않을 수 없었다.

우리의 말(國語)을 없애고 우리의 글을 죽이고 심지어는 우리 성까지 갈게 큼 들볶던 놈들이니, 민주주의를 지지하고 문화주의를 제창하고 2천만 민중의 대변자로 나선 『동아일보』를 살려둘려고 할 이유가 만무하였다.

더구나 그놈들 자신이 동아일보사를 '조선인의 정부'라고까지 지칭하였으니 동아일보가 어찌 그놈들의 '눈에 가시'가 아니었으랴?

그리고 그 당시의 실정으로 말하면 우리 2천만 '겨레'는 거의 빈사상태에 빠져서 넉넉히 할 수 있는 말조차 크게 못할 판이었는데 그놈들이 신주같이 숭배하는 일장기에 이렇듯 통쾌하게 큰 모욕을 가하였으니 참말로 적고도 큰 사건이 아닐 수 없었다.

그런데 신문사상에 공저절후하게 달 수로 11개월(일 수로 279일)이 경과한 장기 정간 끝에 단기 470년(서기 1937) 6월 2일에 '사내의 위험인물 대량 파면'을 조건으로 하여 겨우 본보가 해제 속간케 되었는 바 이 통에 억울

하게 강제 퇴사를 당한 선배 동지는

▲송진우(취체역사장), ▲김준연(주필), ▲양원모(취체역 영업국장), ▲설의식(편집국장), ▲현진건(사회부장), ▲박찬희(지방부장), ▲이여성(조사부장), 최승만(잡지부장-『신동아』 책임자), ▲신낙균(사진과장), 이상범(조사위원), ▲장용서(사회면 편집기자), ▲이길용(운동부 기자), ▲서영호(사진과원) 등 13인이었다.

정간된 지 불과 한 달 만에 소위 북중사변이 발발하고 보니 강제 퇴사당한 동지들은 더욱 더 처지가 곤란하였었고 어디고 가서 발붙일 곳이 없었다. 장용서 씨는 사의 호의로서 얼마 후에 복사하였으나 종로경찰서 형사의 미행 방해로 인하여 그나마 떠나지 않을 수 없었다고 한다.

나는 내 집에 들어 앉아 필묵으로 생활을 하고 있었지만 그 열렬한 애족심을 가슴에 품은 동지들이 초야와 시정에서 침부(沈浮)하는 것을 볼 때에 실로 말할 수 없이 마음이 아팠다.

七. 추모되는 사람들

본보는 속간된 지 3년 3개월만인 단기 4273년 8월 12일에 마침내 왜제의 등살로 말미암아 폐간의 비운을 당하고야 말았거니와 8·15해방 후 중간이 되면서부터 사회의 혼란과 또한 6·25의 동란을 겪는 동안에 고락을 같이 하던 선배·동지를 많이 잃어버려서 다시는 이 세상에서 같이 지낼 기회를 가질 수 없게 되었으니 비감한 마음을 금할 수 없다. 21년 동안이란 참으로 짧으면서도 긴 세월이다.

이 동안에 이 사건 관련자 18인 중에는 고하 송진우 선생을 비롯하여 빙허 현진건, 소오 설의식, 신낙균, 임병철 씨 등 5씨는 벌써 타계의 인이 되고 말았다. 비록 이 사건에 직접 관련은 없었다 하더라도 본보의 산모이시고 사건 당시 누구보다도 상심하시던 고 인촌 김성수 선생이 좀더 생존하시어 본보의 보다 더 번영 발전되는 것을 보시지 않으시고 그만 서거하신데 대하여는 다시금 추모의 정이 새로워짐을 금할 수 없다.

그리고 이길용 씨와 백운선 씨는 이북으로 납치당하고 이여성 씨는 진즉 월북하였으니 언제나 상면될지 기약조차 없거니와 이 밖의 동지들도 피차 행로가 달라서 매일 상봉을 못하는 것이 이 때를 당하여 더욱 섭섭하다.

특히 사진과원이던 서영호 씨는 그 때에 갈린 뒤로 20년이 지냈건만 한 번도 상면을 못하여 생사가 의심스럽고 송덕수 노인은 어느 시골로 낙향하였다는데 이분 역시 상봉의 기약이 있을른지 몹시 그리워진다.

그 다음 그 당시 본사에서 동고동락하던 분으로서는 낭산 김준연 씨(현 본사취체역), 서봉 양원모(현 본사감사역) 씨, 김승문(현 본사취체역) 씨 외에 아산 국태일(현 본사전무취체역) 씨, 심강 고재욱(현 본사취체역 편집고문) 씨가 사에 상근하고 있으나 편집국에는 백민 장용서 씨가 남아 있고 업무국에 김권동 씨, 공무국에 두세 분이 있을 뿐이다.

인세는 무상이라 하거니와 수백 명이 욱실거리던 그 당시의 사원들이 지금 모두 다 어디로 헤처져 있는 지 알 길조차 바이없으니 오직 감개무량할 뿐이다.

끝으로…21년 전에 이렇듯 뼈저리던 우리 동지들의 수난인고의 '힘'이 오늘에 기름진 거름(肥料)이 되어 민족의 벗인 우리 『동아일보』를 북돋아 주어 그 건보로서 힘차게 활약 매진하기를 심축하며 아울러 물고선배·동지의 명복을 축도하면서 이 졸고를 끝맺는다.

이밖에 철창에 있을 때에 왜인보다도 조선인 형사가 더 악독하게 박해하던 얘기와 이 사건으로 인하여 총독부 고관들이 파면 또는 좌천당한 얘기, 그밖에 동업 『조선중앙일보』도 우리와 같이 일장기 마ー크를 말소하고 사원 2명이 검거 당하였고 따라서 자진 휴간한 등의 얘기가 상당히 장황하나 지면관계로 여기서는 생략한다.

6. 동아일보 정간 · 중앙일보 휴간
중첩한 반도언론계의 불상사

『삼천리』 1936년 11월호

- 『삼천리』는 1929년 6월 김동환이 창간한 월간, 격주간으로 발행하던 취미 중심의 교양잡지. 1942년 『大東亞』로 제명을 고쳐 3월과 7월에 두 번 내고 문을 닫았다. 주로 '고십란'에 치중하여 호기심을 끌만한 특종을 잘 포착하여 기사화하곤 했다.

이 글은 1936년 11월호에 게재한 『조선중앙일보』와 『동아일보』의 무기 정간, 휴간의 진상을 보도한 내용이다. -(필자 주)

『동아일보』가 8월 27일에 비국민적 태도로 정간을 당하였다. 신문사 자체로도 놀랐으려니와 세상도 큰 충동을 받았다. 그로부터 수일 후인 9월 4일에는 또 『중앙일보』마저 자발적으로 휴간 선언을 하였고 뒤이어 같은 이유로 『신동아』의 발매정지, 『신가정』의 삭제처분, 『아히생활』의 압수, 『기독신보』의 압수 등 반도언론계를 진해(震駭)케 하는 대량적 압수 발금 등이 기하여 사람사람의 가슴에 수운을 왕래케 하였다.

이제 우리는 여기에 아무런 주관이나 감정을 섞지 말고서 오로지 동아 정간, 중앙 휴간의 진상만을 보도하여 보기로 하건대.(사진은 동아일보사)

손선수 국기말소
사원 10명 경찰 구금 취조중
『동아일보』 정간 진상

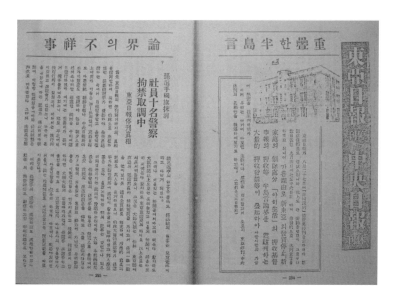

『삼천리』 1936년 11월호에 게재한 『동아일보』 정간, 『중앙일보』 휴간 기사 중 일부

　우선 동아일보사의 정간되기까지의 진상을 심문한 바에 의하면 백림으로 출정하였던 손기정 선수가 우승하여 전 세계 절찬하는 속에서 월계관을 받고 올림픽 단상에 섰다. 이 좋은 뉴스의 앞에 『동아일보』 또 다른 요지(僚紙) 『조선일보』나 『중앙일보』와 마찬가지 태도로 작동(雀動)하여 매일 조석간으로 센세쇼나리한 화려한 지면을 꾸미어 연일 발행하였다. 여기에는 히틀러가 손에게 악수를 하여 주었느니, 향리 평북에선 제등행렬(提燈行列)이 있었느니 어디서는 기행렬이 있었고 연설회가 있었느니 누구는 돈을 내었느니 하는 기사가 만재하였다. 신문에 이러한 보도 있음에 따라 손기정 열은 점차로 더욱 끌었다. 그래서 송진우 방응모 여운형의 이름은 몰라도 손기정의 이름은 아동주졸(兒童走卒)이라도 다 알게 되었다.

　그러나 서울 있는 신문들이 제아무리 떠든다 할지라도 대판 신문 이상으로는 못 떠들었고 서울의 신문이 손을 아무리 치켜든다 할지라도 동경방송국의 라디오 이상으로는 채 못 치켜들었으니 그것은 대매(大每) 대조(大朝)는 백림 동경간에 직통의 전송사진과 무선전화를 가지고서 손의 일거일동을 눈에 보이듯 연일 전혈지(全頁紙)로 할충(割充)하여 감격적 사진과 기사로 만인을 울게 하였으니 백림 대매특파기자(大每特派記者)가 손선수가 쾌승한 찰나에 만장이 발을 구르며 환호하였고 방인(邦人)응원단은 모두 울었노라 하는 유의 기사는 몇 번이나 되풀이 되었는지 이는 지면이 증명하는 터이라. 대매 본사편집국장은 백림 회장의 손선수를 일부러 무전으로 불러내어 온갖 고국의 감격적 소식을 전하고 그를 칭양(稱揚)치 않았든가? 그런데 서울 있는 돈 없고 세력이 가난한 우리 신문들은 이런 멋진 일은 한 가지 못하고 타지의 전재로서 말하자면 대조, 대매의 뒤를 따라가면서 손선수 손선수하고 불렀을 뿐이요 또 동경방송국 아나운서의 입을 쫓아가며 다 들린 말을 되풀이 하였다. 아무커나 보도에 있어선 서울의 지(紙)는 지리 관계로 대판, 동경 있는 제신문지를 따르지 못했다.

어쨌든 손선수의 우승은 통쾌하고도 감격한 일이었다. 부임 초의 남 신 총독도 사임하고 간 우가키(宇垣) 전총독도 모두 기뻐 축배 드는 광경이 『대판매일』에 실렸고 각의에선 내각 제 대신이 또한 손선수 자랑에 한동안 좋아했다고 『동경신문』은 보(報)하였다. 이와 같이 상하인은 관민이든 노소든 모두 기뻐하였다. 그러나 여기에 문제가 생하였다. '조선의 특수성'이, 이 축배를 민중적으로 들기를 꺼리게 하였으니 손우승의 감정이 민족적 어떤 감정으로 전화하기 쉬운 것을 간취한 경무당국에서는 중도에 이르러 축하회도 금지, 기념체육관 설립 발기도 금지, 연설회도 금지로 손선수 칭양을 금하였다 따라서 경무국장과 도서과장은 격일에 한 번쯤 신문사장이나 편집국장을 불러다가 손 기사에 각별 주의하기를 당부하였다. 이럴즈음 8월 25일 동아 석간지가 압수를 당하였다. 손선수 흉간에 있었어야 할 일장기를 말소한 사진이 게재되었기 까닭이라. 그 뒤 곧 경기도 경찰부에선 고등과원이 출동하여 신문사로부터 사회부장 현진건, 부원 장용서, 임병철, 운동부원 이길용, 화가 이상범, 사진반원 4인의 10씨를 검거하여 구류 취조한 결과 고의로 일장기를 말소했던 사실이 탄로(綻露)되어 27일 밤에 이르러 정간처분을 당한 것이다. 전기 10사원 외에 동사 주필 김준연 씨도 일시는 검거되었으나 곧 석방되었고 편집국장 설의식 씨는 그 사건 전후하여 지방여행 중이었기 하등 관련이 없었다. 들리는 말에 의하면 그날 지면에 낼 사진을 동사에서는 『대판조일』로부터 전재했는데 사진반원과 운동부원과 사회부원 몇 사람이 흰 붓으로 흉간의 일장기를 지워버려 약간 알려지게 한 것이었다고 한다.

『신동아』 주간 구인
양원모 씨도 일시는 소환

모지(母紙) 『동아일보』가 이런 불상사 속에 끼워 있을 즈음 불고치는 동사 경영의 월간잡지 『신동아』에도 비화하여 동사 주간 최승만 씨도 경기도 경찰부에 검거 취조 중이요, 동지 편집 겸 발행인이자 『동아일보』 영업국장 양원모 씨도 일시 검거되었으나 곧 석방이 되었는바, 『신동아』 9월호는 압수요, 10월호 이후는 당국에서 가(可)타 하는 지령이 있기까지 발행치 못하게 되고, 『신가정』은 부분 삭제처분을 당하였는데, 신동아 처분된 까닭은 마찬가지로 권두구회(卷頭口繪)로 낸 남 사진의 일장기를 마찬가지로 말소하여 비국민적 태도를 취한 데 있었다.

『동아일보』 정간 이유
경무국장담으로 발표

『동아일보』는 금회(今回) 발행정지 처분을 당하였다. 전일 백림에서 개회된 세계올림픽대회의 마라톤 경기에 조선 출신의 손기정 군이 우승의 월계관을 획득한 것은 일본 전체의 명예로 일본 내지와 조선 공히 함께 축하할 것이며, 또 일본 내지와 조선 융화의 자료로 할 것이지, 차를 역용하여 조금이라도 민족적 대립의 공기를 유치(誘致)하는 일이 있어서는 안 될 것이다. 그런데 사실은 신문지 등의 기사는 자칫하면 대립적 감정을 자극함과 여(如)한 필지를 취하는 것이 있음은 일반으로 유감시 하던 바이다.

『동아일보』는 종래 누차 당국의 주의가 있었음에도 불구하고 8월 25일 지상에 손기정 군의 사진을 게재하였는데, 기 사진에 명료히 나타나야 할 일장기의 마크가 고의로 말소한 형적이 있었음으로, 즉시 차압처분에 부하고 기 실정을 조사하였는바, 우는 8월 23일부 『대판조일신문』에 게재된 손기정 군의 사진을 전재함에 제하여, 일장기가 신문지상에 나타남을 기피하여 고의로 기술을 사용하여, 차를 말소한 것이 판명되었음으로, 마침내 기 신문지에 대하여 발행처분을 내리게 되었다.

여차한 비국민적 태도에 대하여는 장래에도 엄중취체를 가할 방침인데, 일반도 과오가 없도록 주의하기를 바란다. (사진은 당면의 인물 『동아일보』 송사장)

김주필, 설국장 사표 =송사장 이하 사원 출근 근신 중=

이 정간사변이 일어나자 동사 주필 김준연 씨와 편집국장 설의식 씨는 송사장에게 인책의 사표를 제출하였는데, 경찰측 취조가 아직 일단락을 짓지 않고 있음으로 사건의 발전성과 또 그 진상을 명백히 알 수 없기에 아직은 동 사표를 수리치 않고 송사장이 보류하고 있다고 전한다. 더욱 사장 이하 사원 일동은 근신의 의(意)를 표하고 있으며 전과 같이 매일 사에 출근하여 독서에 전심하는 중이라고 전한다.

손해 십여만원 설
복구에는 거대한 힘이 들리라고

이번 정간으로 동아일보사의 손해는 얼마나 될는고 직접 손해액을 기(記)하면 8월분 일개월 신문대 약 3만원 중 미수를 삼분지이로 보아 약 이만원, 동경, 대판으로부터 들어오던 광고료 약 만원 기타 잡수입 등 월 3, 4만원의 수입이 전혀 없어지는 반면에, 사원의 생활비 지급 기타 비용으로 적어도 매월 수만원의 직접 손해를 보고 있는 듯이 추측된다. 전자 즉 제3차 정간 당시 4월 17일부터 8월 말일까지 약 5개월 동안 동아일보사의 손해액이 5십만원이라고 전하여, 9월 1일 새 지면을 내보낼 때에는, 겨우 잔액 3만 7천원인가 하는 적은 돈을 가지고 속간 자본을 삼았다고 한다. 이로 미루어 보면 그 당시보다 지금은 광고수입도 늘었고 독자수도 많은 것만치 그 손해도 더 많을 것으로 관측된다. 정간 중도 정간 중이려니와 속간을 하게 되면 다 뺏겼던 독자 지반을 복구하기에 거대한 인력과 자력이 들어야 할 것이요, 또 대판, 동경의 광고 지반을 회복시키자면 도저히 단시일로 되어질 일이 아니리라. 이일 저일에 상도(想倒)하면 『동아일보』는 금번 사고가 치명상에 근(近)한 중창(重瘡)인데 아마 복구하자면 사주로 대주주인 김성수 씨의 재정적 대 영단이 있어야 할 것이요, 또한 해내 해외의 인재 다수를 망라하여 지면을 타지보다 정채(精彩) 있게 꾸미지 않으면 석일(昔日)의 『동아일보』에 돌아가기 힘들지 않을까.

『동아일보』 정간사(停刊史)

금번까지 당하니 『동아일보』는 네 번째나 정간을 당했다. 이제 사건별로 기하면 이러하다.

1. 제1차는 사설 '3종의 신기' 사건으로 대정 ○년 ○월부터 ○일까지 약 6개월간 (당시 총독 사이토(齋藤實) 경무국장 丸山 鶴吉 도서과장) (당시 사장 박영효, 편집국장 장덕수)

2. 제2차는 「로서아서 온 축사」 게재사건으로 소화 ○년 ○월부터 ○일까지 40일간(당시 총독 齋藤實 경무국장 三矢, 도서과장 田中) (당

시 사장 겸 주필 송진우)

3. 제3차는 「10주년 기념축사」 게재사건으로 소화 ○년 4월부터 8월까지 약 6개월 (사장 송진우, 편집국장 이광수)

4. 제4차는 손기정 흉간 국기 말소 사건
소화 11년 8월 27일부터 (송진우사장 김준연 주필 설의식 편집국상)

『동아일보』의 해금은
강유(剛柔) 양면의 관측구구

8월 27일 정간 이래 이럭저럭 벌써 한 달이 경과했다. 3백의 사원과 천여의 그 가족 생계를 앞에 둔 『동아일보』의 초조는 해금 이하로 급(急)하여지기를 고대하고 있다. 그런데 소식통의 관측에 의하면 일은 장기되리란 비관설인데, 그것은 시국이 예전과 달라 국가비상시의 차제에 이와 같은 비국민적 태도를 보였으며 더구나 과거에 황실 기사에 대한 태도와 총독정치에 대한 적극적 협조가 없었던 점으로 당국의 미움을 누누(屢屢)하였으니만치 이번에는 여간 근신치 않고는 해금이 되지 않을 것이란 설이 있고, 또는 해금이 된다 할지라도 엄중한 내약조건이 붙을 터이며, 극단으로 관측하는 이는, 상해사변 같은 것이 동아 정국 어느 곳에서든지 다시 터지는 날이면 아조머리지지 수개월로는 가망이 없으리라고 한다. 또 한편 혹은 단기에 되리란 설이 있는데, 그 근거는 이번 사건은 사의 상층부는 전연 몰랐고 그 아래 사진반원 등 수인이 공모하고 한 행사일 뿐이기에, 이 때문에 큰 기관을 장기적 제재를 줌은 가혹하다 함이요 또 남 신총독은 은위 병행의 정치를 할 터임으로 정간으로서 이미 십분 징치를 하였은즉 신총독의 온정이 불구하여 베풀어질 듯 하며, 경무국장 또한 신임 즉전의 사라, 삼교(三橋) 신국장의 방침이 아무쪼록 세력있는 언론기관으로 하여금 하루 급히 반성하여 시세에 배반함이 없도록 인도함에 있을 것임으로 충분히 계식(戒飾)를 가한 뒤, 속히 해금이 되리라고 함이

다. 아지못게라 모든 것은 남총독, 대야(大野)총감, 삼교국장, 유생(柳生)과
장의 흉중에 있음인저.

일반여론은 어떠한가
「비국민적」 태도는 잘못이다

　　『동아일보』의 금번 태도를 가장 통매(痛罵)한 것은 『경성일보』가 사설로
기사로 연일 공격함이었고 동경서 발행하는 『신문지신문』(新聞之新聞), 『신
문지일본』(新聞之日本)도 모두 필주(筆誅)를 가하였으며 그밖에 갑자구락부
(甲子俱樂部), 국민협회(國民協議會), 대동민우회(大同民友會) 등에서 혹은
단체로 혹은 개인으로 공격하는 문서급 언설이 있었다. 그런데 일 거론을 살
피건대 국기 말소한 행위는 더 논의할 여지없이 비국민적 행사이라 한다. 이
일사(一事)에 대하여는 여하한 제재를 가하여도 유부족(猶不足)하다. 『동아일
보』 『중앙일보』 모두 이 일사에 대하여는 무언으로 모든 제재를 받아야 한다
고 한다. 그러나 이것이 과연 사의 태도였을까. 경찰에서 검거 범위로 보아
이것은 수개 사원의 실행인 것이 판명되었다. 같은 손선수 사진을 지면에 내
기 시작한 지 7, 8차를 일장기가 흉간에 붙은 사진을 내던 동사가 선하심후하
심(先何心後何心)으로 단 한 번을 국기말소를 하자 했으리요. 공회당에서 열
린 동사 올림픽영화대회 때에 모두 일장기 있는 사진이었고, 또 어느 축경절
에 동아 중앙 양사 문전에 국기 안 달릴 때 없었다. 황태자 탄생 축하회나 총
독 초대회 등 어느 석상에 신문사장 용자(容姿)가 나타나지 않은 때가 있었든
가. 그러므로 이번 실행(失行)은 사의 전체 의사가 아니오, 오직 12사원의 실
행일 것이 분명하며 또는 『동아일보』와 같이 유력한 민간지가 아직도 배일색
채를 띠고 있다 함은 총독 정치에도 영향 있는 일인즉 금번은 금후의 태도를
십분 계식(戒飾)한 뒤 속히 해금하여 줌이 좋겠다고 일반은 희망하고 있다.

『조선중앙일보』는 엇재 휴간했나
손해도 수만원의 거액에 달해

『조선중앙일보』는 『동아일보』에 뒤지기 약 1주일 후인 9월 4일에 돌연히 일변의 사고를 지상에 게재하고 그날부터 휴간하여 버렸다. 그 진상은 이러하다 『동아일보』 사건을 취재하다가 보니까 『중앙일보』가 『동아일보』에 선하기 약 10여일인 8월 15일 지면에 역시 손선수 흉간일장기를 약간 말소하여 지상에 내였다.

궤(軌)를 일해 한다면 이대로 가다가는 당연히 『동아일보』 모양으로 정간처분을 당하게 된 동사에서는 최후로 9월 4일 경무당국의 맥을 살펴보아도 여망이 없음으로 이에 결심하고 동야 여사장 성전무 윤편집국장 영업국장 등 최고 간부회의를 열고 자진휴간하기로 하였다. 그러나 이름은 이와 가치 자진휴간이나 경무 당국의 양해가 없이는 발간치 못할 것임으로 사실상 정간에 불외한데 다만 그 정도가 경미하다 할 것이다. 동사 역 가령 1개월 이내의 휴간이라 할지라도 손해는 만원을 불하(不下)할 것이다. 지금 사원 전부는 출사하야 역 근신의 뜻을 표하고 있는데 이제 아직도 경기도경찰부에 구금되어있는 사원은 4씨라 한다.

　　체육부원 유해붕(柳海鵬)
　　사진부원 3명

여사장 인책 사직
사원일동은 근신 중

휴간을 선언한 뒤 수일 후 동사 사장 여운형 씨는 이사회에 사표를 제출하였는데 아직 수리되지 않았고, 기타 사원 일동은 매일 정각에 출사하야 비록 집무는 아니 하나 근신의 의를 표하고 있다.

7. 정 · 휴간 중인 동아일보와 조선중앙일보는
어떻게 될 것인가?

두 신문의 일장기 말소 사건 이후를 다룬 조선통신사 발행 시사 총서

- 조선통신(朝鮮通信) 정기독자에게 무료로 증정하는 조선시사 총서로
1936년 10월에 발행. 저자는 단기일민(檀箕逸民).

『정 · 휴간 중인 동아일보와 조선중앙일보는 어떻게 될 것인가?』는
一. 소위 일장기 마―크 말소사건, 二. 4회에 걸친 동아일보의 정간, 三. 조선
중앙일보 스스로 휴간, 四. 언문신문 경영자의 고충, 五. 대동민우회의 분기,

六. 언문신문지의 편협한 기사취급, 七. 양지는 결국 어떻게 될 것인가? 부록 등으로 구성되어 있는데, 여기서는 일장기말소와 관련된 부분, 一. 소위 일장기 마—크 말소사건, 三. 조선중앙일보 스스로 휴간, 七. 양지는 결국 어떻게 될 것인가?를 가려 뽑아 게재했다. —(필자 주)

一. 소위 일장기 마크 말소사건

전조선에 민족의식 앙양

　　새로 대명을 받고 임지인 조선에 부임한 남 신임총독 착임 다음날인 1926년 11월 27일, 언문 신문 중의 우두머리이며 자타가 공인하는 『동아일보』는 경무 당국으로부터, 제4회 째의 무기정간처분의 철퇴를 맞았다. — 이보다 앞서 베를린 올림픽대회에서, 조선인인 손기정 군과 남승룡 군이 마라톤 선수로서 제1, 제3착의 영예를 차지하자 언문 각지는 광희(狂喜)하여, '양군의 우승은, 즉 조선의 우승이며, 양군의 제패는, 즉 조선의 제패이다.' 라고 절규하여 '세계 마라톤의 패권이 조선의 한 청년의 손에 파악(把握)되었다는 보도가 한 번 조선에 전해지자, 마치 효천(曉天)의 경종과 같이 암담한 절망과, 침체 속에서 방황하고 있는 조선 민중의 귓볼(耳朶)을 때려', '…, 오랫동안, 승리와 영광과는 인연이 멀었던 조선 민중이, 최초의 망연(茫然)한 경악(驚愕)에서, 지금이야말로 의심 없이 승리의 깃발이, 그들의 손에 돌아왔음을 확신할 때에, 이 위대한 환희의 폭풍은, 적막한 조선의 강산에 범람하고, 진감(震撼)시키기에 충분하며', '세계의 어디를 불문하고 통신기관이 있고, 문자가 있는 곳에서는 두루, 조선 남아의 의기가 전하여졌을 것이다. 양군은 체육방면에서의 현하 세계 최고 표현이며', 또한 '체육에서 이 위대한 성적을 보여 준 우리 조선 또한 지적, 덕적, 방면에서도 그와 같다.' 라고 논하기에 이르러, 민중도 또한 크게 자극되어 그 평정하였던 민족의식은 갑자기 발흥(勃興)하여, 순식간에 각지로 파동 쳐, 어떤 사람은 고학으로 고심하는 「세계의 영웅 손기정」의 학비를 부담하겠다고 하고, 혹은 촌지를 표시하게 위함이라 하여 1천원, 3백원, 1백원 씩 등 각사에 기탁하여 전달해달라고 요청하는 자가 속출하고, 『동아일보』는 '이 세계제패를 단순히 일시적 흥분으로 넘기는 것은 너무나도 경솔한 것이다.' 라고 하며 '양 선수의 위적(偉績)을 영구히 기념하고' '후일의 영원한 체육 조선을, 세계 속에 명백히 나타내기 위하여' 는 기념체육관을 건설할 것을 제창하고, '인류 최고의 명예를 획득하고 돌아오는 양군이 조선 땅을 밟을 때에 환영하고 부를 수 있는 스포츠 조선의 세계 제패가' 의 공모를 발표해 더욱 더 박차를 가해

'… 조선은 오랫동안, 숨어서 힘없이 살아왔다. 또한 상문비무(尙文卑武)에 의한 문약의 강한 타성, 고식도호(姑息塗糊)에 의한 무력, 이것들이 겹치고 겹쳐서 생활의 활력을 잃게 하였다. 이를 어찌 한심하다고 아니하고, 우려하지 않을 수 있겠는가? 지금이야말로 손·남 양 용사의 세계적 우승은, 조선의 피를 끓게 하여, 조선의 맥박을 약동시켰다. 그리하여 한 번 이러나면 세계도 또한 장중(掌中)에 있다.' 라는 신념과 기백을 갖게 하였다.

우리들의 우승은 밖으로는 자랑이며, 안으로는 격려, 교훈이다…. 따라서 '조선의 강산 삼천리 방방곡곡에 이르기까지 2천3백만의 사람들은 마음으로부터 축하하여 마지않는다.' 라는 식이 되어 '끝내는 각지에 마라톤 연습이 맹렬하여져서, 다음 올림픽의 마라톤은 조선인으로서 절대 우승을 차지하여야 한다.' 라고 하여 그 열광, 광희의 모습은 마치 ××××××××와 같이 그의 멈추는 곳을 모르는 듯하여, 식자로 하여금 깊은 우려를 아니 할 수 없게 하는 바가 있었으나,

과연, 8월 25일자의 『동아일보』 석간은, 손기정 우승 당일의 『대판조일』로부터 전재하고 '두상에는 월계관, 양손에는 감람수 화분(橄欖樹鉢), 마라톤 우승자, 우리 용사 손기정 군' 이라고, 설명을 쓸 때, 가슴에 광채를 내는 유니폼의 일장기 마크를, 애석하게도 고의로 지워버리고 말았다.

확증 앞에 한마디도 없어

국제경기에서 선수의 흉장(胸章)은 그 나라를 대표하는 것으로서, 아무도 못 보도록 빠뜨리려는 사람은 없다. 하물며 손·남 양군 우승 이후, 이상할 정도로 앙양된 조선 민중의 민족의식의 발로에 대하여, 가장 주의를 기울이고 있는 경무 당국이 설마 이를 못 볼 리가 없이, 즉시 발매반포를 금지시키는 동시에, 경기도 경찰부로 하여금, 그의 진상 취조를 명하였으므로, 경기도 경찰부는 아연 긴장의 빛을 띠고 즉시 동아의 사회부장 현진건 군, 편집국장 설의식에게 전화교섭이 이루어졌으나, 결말이 안 나자, 사찰계의 직접 활동으로 우선 동아 사진부는 수사를 받게 되어, 『대판조일신문』의 오래낸 사진과 사진판의 원판 등을 압수당하고 이어서 운동부장 이길용, 사회부장 현진건, 사회부 기자 장용서(필자), 화가 이상범, 동 최승만, 사진부장 신낙균을 인치하기에 이르렀으나, 경찰은 가장 요긴한 원판을 쥐고 있었으므로, 확증 앞에 한 마디도 못하고 '기술을 가지고, 고의로 말소하였다.'라는 것에 변명할 여지가 없었다.

(二, 4회에 달하는 동아일보 정간은 제외했음)

三. 조선중앙일보 스스로 휴간

당돌한 중앙의 휴간 사고

이번 『동아일보』가 선수 손기정 군의 유니폼의 일장기 마크(이하 간단히 國章으로 약칭)를 고의로 말소하여 발행정지 처분을 받고 다수사원의 구속을 보게 되자, 동사의 전도, 또는 동사가 지니고 있는 사회적 사명에서 볼 때, 우려하는 사람, 비웃는 사람, 분개하는 사람의 의론 분분하던 차에 어딘지 모르게 국장을 말소한 것은 동아뿐만 아니라 『조선중앙일보』도 또한 그렇다라고 주장하는 사람이 있어, 동지의 시설거리는 넓게 확산되어 8월 30일에는 드디어 농후한 혐의로 동사 운동부장 유해붕 이하 4명을 인치했다. 그러나 동사는

188

9월 4일 석간에 다음과 같은 사고를 내고 스스로 휴간하였다.

　　근고
　　이번 『동아일보』는 손 올림픽선수 우승의 사진을, 동 지상에 게재함에
있어서 일장기 마─크를 기술을 사용하여 말소 기재한 것이 판명되었기 때문
에, 발행정지 처분의 제재를 받게 되었으나, 그와 같은 일은 실로 유감천만이
라고 생각한다.
　　본사에서는 그러한 일은 전혀 있을 수 없을 것으로 믿고 있었으나, 『동
아일보』와 마찬가지로 우(右) 손선수의 일장기 마─크를 말소하여 게재한 혐
의가 농후하게 되어, 드디어 관권을 발동, 현재 사원 수명은 당국의 엄중한
취조를 받게 되었는데, 이는 실로 공구(恐懼)하기 짝이 없는 바이다. 그리하
여 본사는 취조결과가 판명되는 것을 기다리며, 그로 인하여 다가오는 책임을
명백히 함은 물론이고, 당국의 처분이 내려질 때까지 근신하고, 금 5일자 조
간부터 당분간 휴간한다. 또한 속간의 날에는 배전의 애독을 바란다.
　　1936년(昭和 11) 9월 4일
　　『조선중앙일보』

　　『중앙일보』는 그의 사고에서 나타내고 있는 바와 같이, 본 사건의 내용에
는 회사는 물론 사의 최고간부도 전혀 관여한 바 없이 타사의 사건 자체까지도
'유감천만한 일'이라고 하고 있음을, 고백하고서도, 아무래도 그 책임을 면할
수 없을 것을 자각하고 있다. 소위 말소사진이라는 것은 8월 13일자 동지 조
간 제4면에 4단 기사로 게재 되어져 있기는 하나, 다행하게도 뭐가 뭔지 확실
하지 않으며, 긴요한 손선수나 남선수의 용모조차 마치, 말소한 듯한 몽롱한
사진이었기 때문에, 그 대단한 경무 당국도 그것을 알아차리지 못했으며, 일
반도 역시 못보고 빠뜨린 것이며, 『동아일보』의 문제만 일어나지 않았더라면,

말소자인 당사자 수명 이외는 전혀 모른 채로 끝났을 것이나, 천(天)인가 명(命)인가, 불행히도 『동아일보』의 문제가 돌발함에 따라서 일말의 혐의를 받게 되어, 관계 직원 수명의 인치를 보게 되었으므로, 동사 간부는 당황하여 허둥지둥(蒼皇) 선후책을 강구하여 휴간을 단행하였던 것인데, 『조선중앙일보』는 『요미우리신문』(讀賣新聞) 게재의 전송사진을 『동아일보』와 마찬가지로 기술을 가지고, 고의로 말소하였다는 것이 그들의 자백으로 판명되었다.

채찍을 뚫고 선수를 치다.

동사는 간부회의 결의에 의하여 휴간하면서 근신의 뜻을 표하고, 2주간의 휴간계를 작성, 당국에 가지고 나와 그 뜻을 진술한 바

'기한부의 근신은 온당치 못하지 않느냐'라고 딱 잘라 거절당하였으므로, 그래서 다시 무기 휴간의 서류를 만들어서 계출하였다는 것인 바, 사고에 표시한 태도라던가, 바로 내려칠 것 같은 당국의 채찍 밑을 빠져나가 선수를 쳐서, 휴간 근신의 방법을 취하였던 것은 대단히 현명한 책이라고 평가되어지고 있다.

또한 동사는 그 견실한 방침 하에 경영을 진행시켜 온 보람이 있어 회사가 점차 공고히 되어가고 있는 시기라고 하더라도, 이 부득이한 휴간은 하나의 재화로 동정을 받고 있으나, 『동아일보』의 정지처분 후 불과 1주일 만에, 다시 도 하나의 신문을 잃은 조선 민중은 4신문 중, 이미 그의 절반을 상실하게 되어 양 사원의 경솔한 행위는 아무리 생각해도 유감스러운 것으로 되어져 있다.(4, 5, 6장 제외; 필자 주)

七. 양 신문은 결국 어떻게 될까?
언문신문 폐합론 일어나다.

그러면 『동아일보』의 정간, 『조선중앙일보』의 휴간을 맞은 지 벌써 상당

한 시일이 지났으나, 양 사 모두 좀처럼 해금(解禁, 중앙은 스스로 휴간하였던 것으로, 발행할 경우 압수되기 때문에 정간이나 다름없음)이 좀처럼 될 것 같지 않은 분위기에 '언문신문 통제론'을 제창하는 자가 있다. 그 설을 보면 "조선의 민중이, 근근이 가라앉고자 하는 때에, 언문지의 논조와 태도는 심히 비국가적으로, 교묘한 방법으로 민심을 교란하고, 자칫하면 ××××를, 선전 유포하고자 하고 있다. 현하 초비상시에 있어서, 그러한 도배에 여론을 이끌게 한다는 것은, 몹시 위험천만한 일이고, 일본 국민의 4분의 1을 차지하는 대중으로 하여금 방향을 그릇되게 할 우려가 있다. 당국은 일대 용단을 가지고 만주에 있어서의 신문통제의 예에 따라서, 현재의 4대 신문을 폐함하여, 대조직의 하나의 사를 창설하여 민심지도의 대임에 임하도록 하여야 한다"라고 주장하고 있다. 이것은 요컨대 일한병합 때 언문신문을 매수 폐기하여 『매일신보』 1사를 존치하였던 그 옛날로 되돌아가라는 이론인 바, 이에 대해 얼마만큼의 찬동자가 있을는지 모르나, 현재 언문신문의 전횡 방자한 과거를 돌아보면, 일부에서 그와 같은 의론이 이루어지고 있을 것이다.

동정 받는 『조선중앙일보』

그것은 고사하고 왜 그런지 『조선중앙일보』에는 동정이 가서 어쩌면 곧 해금되어질 것 같다고 말을 퍼뜨리고 다니는 자가 있는데, 그 설을 추궁하여 본 바,

총독부가 신문사 자체를 궤멸시킬 생각이 아니라, 단지 징계를 위하여 밧줄을 조이고 있다고 한다면, 『조선중앙일보』 쪽은 틀림없이 『동아일보』보다는 빨리 해금될 것이다. 그것은 『조선중앙일보』는 장기간의 정간을 받아들지 않을 실정에 놓여 있으므로….

등등, 이는 단순한 ××한 억측으로서 하등의 근거는 없는 것 같으나, 그것은, 어쨌던 정식으로 정간처분을 받고 있는 형편이 아닌, 스스로 휴간 근신

하고 있기 때문에, 거기에 약간의 득은 있을 것이며, 동정도 받기 쉬운 입장에 있다.

동사의 연혁을 대략 적어보면

1926년(大正 10)에 발행을 허가받은 주간잡지 『동명』(東明)이 변형하여 『시대일보』(時代日報)로 되고, 1926년(大正 15) 9월에 『중외일보』(中外日報)로 새로 발행되고, 1930년(昭和 5) 10월부터 휴간, 1931년(昭和 6) 10월 『중앙일보』(中央日報)라고 개제하여 3~4개월 만에 또 휴간하고, 1932년(昭和 8) 12월부터 현 경영자 일파의 손으로 재간하여, 1933년(昭和 8) 3월 6일, 『조선중앙일보』라고 개제하여 오늘에 이르고 있다.

현재의 동지는 위와 같이 현 경영자의 손에 의하여 사실상의 창간을 보게 된 것인데, 그 후 오랫동안 결손이 계속되어 있으며, 이제 가까스로 사기(社基)가 확고해지려는 때에, 이 사건을 일으킨 것임으로, 일반에서 동정을 받고 있다. 과연 어떻게 귀결을 볼 것인가 예측을 불허하나, 이에 세평에 의하여 유리하게 전하여지는 점을 예거하여 본다.

一. 최초의 정간이라는 것.(사실은 휴간이겠으나)

　　(동지는 『중외일보』 시대- 즉 1928년 12월 6일부터 1929년 1월 18일까지, 44일간 정간처분을 받은 일이 있으나, 당시와는 발행 주체를 달리하고 있고, 또 당시의 경영자와는 전혀 계통 관계가 다르다.)

一. 당국의 처분을 기다리지 않고 스스로 휴간하여 근신 의사를 표하였다는 것.

一. 사의 간부는 인책 사직하여 사죄한다고 말을 하고 있는 것.

一. 회사의 기초가 아직 공고하지 아니하고, 더욱이 사내 내분이 있어, 오래 동안 방임을 할 수 없는 실정인 것.

『동아일보』에 대한 경론(硬論)과 연론(軟論)

4번째의 정간처분 중인 『동아일보』에 대하여는 여러 설이 있으며, 근본적인 문제에까지 거슬러 올라가야 한다라고 격양되어 있는 자 등도 있다. 또한 중추원 회의에서 동지의 문화 공헌을 들어 해금 쪽을 발언한 동정자도 있어, 총독, 총감, 경무국장에 여러 차례 진언한 자도 적지 않은 모양으로, 동경(東京)까지 격문을 띠운 자도 있는 실정이라며, 이 사에 대신하는 명안(名案)?을 세워, 운동을 하고 있는 자까지 있다는 것이다. 이와 같이 나도는 유설(流說)을 요약하여 보면

　一. 동아에는 이때에 적절하게 ×××××, ××××××, ××××××
　　　라고 하는 자.

　一. 동아의 대표자 ××××××, ××××××, ××××××, 제호를 갱
　　　신하여 발행시켜야 한다라고 말하는 자.

　一. 오늘의 원인은, 어린아이들 장난과 같은 사건이며, 더욱이 간부가
　　　일체 무관계라는 것도 판명된 이상, 장래를 타일러 속히 해금 하였
　　　으면 좋겠다라고 하는 자.

등인데 동사가 이제까지 누차 정간처분을 받으면서, 해금 때의 서약을 존중하지 아니하고, 해금 후에도 여전히 발매금지의 연속 실시 등이 당국의 철퇴를 무겁게 한 원인의 하나가 아닌가 생각된다. 동사의 간부가 진정으로 『동아일보』를 사랑한다면 이때 맹렬히 반성하여, 성심성의를 피력하는 것이, 필요할 것 같다. (부록 제외. 필자 주)

8. 손선수(孫選手)의 마라톤 우승과 일장기 마크 말소 사건

모리타 후사오(森田芳夫, 문학사, 녹기연구소원)

녹기 팸플릿 제5집

孫選手のマラソン優勝こ

日章旗マーク抹消事件

森田芳夫

綠旗パンフレツト

第五輯

綠旗聯盟 寄贈本

녹기연맹 팸플릿 제5집 표지

- 녹기연맹(綠旗聯盟)은 식민지시대의 친일 사상 단체로 일본 국체의 정신을 본받아, 건국의 이상 실현에 공헌하고, 인간 생활의 본질에 의거하여, 각자의 인격완성에 노력함을 강령으로 내걸었다. 그리고 이 3강령에 의거하여 각 개인 개인의 교화(敎化)의 철저, 반도 심전(心田)개발운동, 국체의 진의(眞義)에 기초를 둔 신일본 건설에 노력하는데 목적을 두었다. 이 연맹은 이 목적을 수행하기 위해, 기관지로 녹기(綠旗), 녹기(綠旗)팸플릿, 자매지 신여성(新女姓) 등을 발행했다. -(필자 주)

서문

이번, 『동아일보』와 『조선중앙일보』 양 신문지상에 손 선수의 마라톤 우승의 사진을 게재하는 데 있어서 일장기 마크를 말소한 사건은 만주사변 이후 호전되어 가고 있는 조선사상계에 가장 슬픈 오점을 판(版)으로 박은 것으로 그 일반 민심에 영향을 주는바 실로 심대하다. 본 연맹은 이에 감(鑑)하여 녹기 연구소원 모리타 후사오 씨에게 위촉하여 그 사건에 대한 우리들의 견해를 공개하고 팸플릿으로서 출판하기로 하였다. 아무쪼록 많은 숙독을 부탁드리는 바이다.

1936년 11월 9일 녹기연맹(綠旗聯盟)

一.

지난 번 베를린에서 개최되었던 제11회 세계 올림픽 대회에서 우리 반도의 출신자 손기정, 남승용 양군에 의하여, 마라톤의 제1위, 제3위를 차지하였다는 것은 실로 흔쾌하기 짝이 없는 일이었다. 손군에 의하여 수립된 2시간 29분 19초의 세계신기록도 그렇거니와 24년 전에 김률(金栗) 선수가 마라톤 제패를 향하여 올림픽에 참가한 이래 일본 팀의 항시 목표였던 만큼 그 승리는 특필하여야 할 내용이었다. 일본 국민이 열광적 흥분 속에 그 공로를 찬양하였다는 것은 결코 무리가 아니다.

손군 우승의 쾌보는 조선에 거주하는 자에게는 더더욱 커다란 기쁨이었다. 저널리즘적 표현을 빌려서 말하자면 끓어오르는 듯한 환호에 그 고장에서 탄생한 두 영웅예찬의 찬사는 전 반도를 휩쓸었다고 말하여도 과언이 아닐 것이다. 그런데 이 대 쾌사가 일장기 마크 말살 사건에 의하여 조선사상계에 일말의 오점을 남기는 원인이 된 것은 실로 유감임을 입으로 다할 수 없는 일이었다. 나는 이에 그 사건의 추이를 응시하고 거기에 대한 우리들의 견해를 기술하고자 한다.

二.

손(孫) 남(南) 양군에 의한 마라톤 세계 제패의 보도는 조선인들에 대하여는 전혀 예기치 않았던 즐거움이었다. 손군의 출신학교 신의주 제1고보에서는 그 일장기 행렬이 행해지고 고향집에는 도지사의 축하 술통(酒桶)이 보내졌다. 모교인 양정고보(高普)에서는 휴가 중인데도 불구하고 교정의 국기 게양 탑에는 일장기가 휘날리고, 교우(校友)들은 그 밑에 모여 '마라톤 손기정 만세'를 외치고 있다. 축전은 손군에게, 남군에게, 고향집에, 모교에, 신문사에 쇄도하고, 각지에서 마라톤 제패 축하회가 열렸다. 11일에 광주의 최남주씨는 양군에게 1000엔을 보내겠다고 신청하고, 육영회와 현준호 씨는 양군의 학자금 보장을 발표하였다. 양정고보 동창회에서는 세계 제패 기공탑 (記功塔)건설 계획을 세우고, 또 각지에서 손군 우승을 기념하는 체육관, 동상(銅像)의 건립이 논의되고 있다. 종로의 모 재화점이 양군의 일생동안의 구두를 무료로 봉사할 것을 발표하여 인기를 얻고 있다.

12일의 조선신문의 사회면을 보면, 카페의 쿡(요리사)이 본정경찰서에 출두하여 "내지로 건너가 쿡의 일을 하는 한편 마라톤을 연습하여 4년 후 동경에서 개최되는 올림픽에는 손선수에 이어 세계 제패를 하고 싶으니 내지여행을 허가하여 달라"라고 출원하여, 관계 계원이 어리둥절하면서 여러 면으로 설득한바 "내년의 시즌에는 꼭 조선대회에서 우승할 각오입니다마는 손선수가 있으므로 우승은 못한다 하더라도 3등 이내에 들어갈 터이니 그 때에는 허가하여 주시오"라고 말하고 돌아갔다는 명랑한 에피소드가 있다. 8월 말에는 동양 극장에 청춘좌문예부편(靑春座文藝部編) 3막 5장의 「마라톤 왕 손기정군 만세」의 극이 공개되었다. 제1, 제3의 손군, 남군을 꿈꾸는 조선청년은 급격하게 증가하여 그 날 이후부터는 가두각처에서 마라톤 연습의 많은 청소년의 모습을 볼 수 있게 되었다.

三.

　　일반 조선 사람들을 상술한 바와 같이 흥분시킨 것은 무어라 하여도 조선 사람들에 의하여 발행되고 있는 신문지였다.

　　원래 조선 사람들의 저널리즘 계에서는 이번의 올림픽에 대하여 별로 열의를 갖고 있지 않았다. 일본 내의 각 신문잡지에는 일찍부터 올림픽 예상 등을 주제로 하여 대소를 막론하고 눈에 띄게 큼직하게 내걸고 있었으나 조선 사람들은 거의 문제로 삼고 있지 않았다고 말하여도 좋은 것이다. 시험적으로 8월호의 조선 사람들에 의하여 발행되고 있는 잡지를 보더라도 『조광』, 『중앙』, 『삼천리』, 『사해공론』 등에는 한 마디도 없고, 『신동아』 스포츠의 페이지에 조그맣게 기술되어 있을 뿐이다. 대표적인 신문으로 볼 수 있는, 『동아일보』, 『조선일보』, 『조선중앙일보』 등을 보더라도 올림픽 전반에 관하여는 몹시 냉정하고 스포츠의 페이지 란에 간단하게 다루고 있다. 다지마(田鳥)가 3단 높이뛰기에서 우승하고 장대높이뛰기에서 니시다(西田), 오오에(大江)의 건투 상황 등은 단순한 보도 기사로 끝내고 있다. 그러나 각 신문 모두가 하나같이 조선인 선수에 대한 것만은 특히 커다랗게 기술하고 있다.

　　조선 사람으로서 이번의 올림픽에 출장선수로서 선발된 것은 마라톤의

손, 남 양군 외에 농구의 이성구, 염은현, 장이진, 권투의 이규환, 축구의 김
용식 등 7명이며 그 중에서도 처음부터 기대를 걸게 된 손·남 양군에 관하
여는 특별히 상세한 기사를 쓰고 있다.

8월 1일자의 『동아일보』의 사설에는 올림픽 대회라는 제하에서 논하여
내용은 별로 주목할 것은 없으나 마지막에 조선의 일곱 선수의 이름을 열거하
여 격려하고 있다.

동일자의 『조선일보』의 스포츠 란에 올림픽에 관한 것은 기재한 그 표제
도 '최후의 영광을 목표로 백연강(百鍊鋼)의 7선수, 진두에서 용약'이라고 대
서(大書)하고 있다. 3개사 중 『동아일보』는 가장 적극적으로서 지난 회의 마
라톤 선수 권태하 씨, 조선육협(朝鮮陸協) 명예 비서 정상희 씨, 독일 유학생
유재성 씨 등에 통신을 위촉하고 독일재류 화백 배운성 씨에게 만화를 위촉하
여 보도진을 구성하고 있으며 여러 통신을 기재하고 있으나, 그 대부분은 조
선 선수에 관한 것뿐이다.

마라톤의 날짜가 가까워옴에 따라 그에 관한 것에 한해서는 내지인 측과
같은 식의 흥분의 도가니 속에 들어 있는 듯이 느껴지고 손, 남 양군에게 각
신문사로부터 격려 전보를 치고 있으며 『조선일보』는 우진 국제전화를 걸어
서 격려하고 있다.

10일, 손군이 마라톤에서 우승하고 남군도 제3위에 들어갔다는 뉴스가
들어왔을 때에 조선 사람들이 발행하고 있는 여러 신문은 아연 대대적으로 취
급하였다. 11일자의 『동아일보』는 제1면을 전부 활용하여 '세계정패의 개가',
'인류 최고의 승리, 영원불멸의 성화', '근역(槿域)에 옮겨진 감람나무(橄欖
樹)', '히틀러 총통과 악수, 최고대에 손선수 등석(登席)', '그 머리 위에 광
망 찬연한 월계관, 승보(勝報)는 전파를 타고 전 세계로', 『조선일보』에는 '10
만의 관중의 환호 우레와 같다', '표창대상의 양군, 찬란하도다 계수(桂樹)수
여식', '히틀러 총통, 손기정의 극적 악수 장면', '스포츠 조선 최대의 감격',

『조선중앙일보』에는 '대망의 정패 완성으로, 반도산하 환성 창일, 영원히 기념이 되는 손군의 장거, 청년조선의 의기충전', '중(中)구라파의 창천에 우뚝 솟는 손군의 동상, 반도남아의 의기의 상징' 등의 커다란 표제로 큼직큼직하게 눈에 띄게 써 내걸고 있다.

　사설에는 『동아일보』는 11일자에 '세계제패의 조선마라톤, 손 남 양선수의 위대한 업적', 13일자에 '청년들이여 일어서라, 세계적 조선에의 기원', 14일자에 '손·남 양군의 학자금 보장, 의의 깊은 훌륭한 거사', 15일자에 '체육관을 건설하라, 세계제패의 이 기회에', 19일자에 '올림피아와 문화' 라고 연속적으로 올림픽 우승에 관하여 논하고 있다. 또한 손·남 양군의 내력 등에 관한 것이 연재되고, 축승란(祝勝欄)을 설치하여, 축문 축시를 모집하고, 또한 상금을 붙여서 스포츠 조선 정패가를 공모하고 있다.

　8월 26일부터 3일간 동사(同社)주최로 경성 부민관에서 주야 3회 올림픽 대회 영화를 독자에게 무료로 공개하여 더욱 더 제패 기분을 부추기고 있다.

　『조선일보』와 『조선중앙일보』는 『동아일보』 정도는 아니나 『조선일보』의 11일자 사설에 '조선 남아의 의기, 손기정군의 장거' 를 게재하고 또한 19일자 '자발적 미거를 제한하지 말라' 의 내용 중에서, 손군 우승기념 체육관 설치 금지에 대해 언급하고 있다.

　또한 『조선일보』부터 손·남 양군에게 특제 상패와 상금을 증정하는 것을 발표하고 있다. 『조선중앙일보』는 11일자에 '마라톤 제패, 손 남 양군의 위대한 공로', 20일자에 '세계 제일과 민족생활, 마라톤 제패의 와중에서부터' 의 사설을 게재하고 13일자에는 2페이지 전면으로 올림픽 제패자 손기정 화보를 내 놓고 있다.

　각 잡지에서도 손군 제패에 관한 것이 나오고 『중앙』 9월호에 '마라톤 왕 손기정 탈전기', 『조광』 9월호에 '마라톤 왕 손·남 양군의 전첩기', 『신인문학』 10월 호에 '손기정 씨의 반세기' 등이 게재되어 있다.

또한 이 이외에 『신동아』 9월호에도, 한 건의 문장이 있으나, 이것은 『동아일보』와 같은 이유로 전부 차압처분을 받았으므로 지금은 볼 수가 없다.

四.

상술한 바 있는 조선인들이 발행하고 있는 신문기사에 관하여 특히 주목하여야 하는 것은 그 논조가 너무나도 노골적이며 극단적으로 민족주의적인 점의 강조에 노력하고 있는 사실이다. (이러한 것은 이미 『실업의 조선』 9월호에 실려 있는 '언문 신문, 어디로 갈 것인가' 중에서도 약간 논술되어 있다.) 여러 신문 모두 마라톤 제패만을 중점으로 기사를 제작하고 그 외에 관하여는 전혀 냉담한 보도에 그치는 태세로 되어 있으나 더욱이 그 기사 중에서 일본의 문자를 명기하지 않고 손·남 양군을 일본의 대표선수로 하지 않고 조선의 손·남으로 하고 있는 점이다. 또한 사설에서 논설할 때에 손군 제패를 계기로 삼아서 실로 강하게 민족적 자신의 고조에 노력하고 있다.

두세 가지 그 예를 살펴보면

"양군의 우승은 즉, 조선의 우승이며 양군의 제패는 즉, 조선의 제패이다. 조선은 양군에게 불우함과 불행을 주었지만 양군은 조선에 보답하는 바 있었다. 조선 젊은이들은 이 뜻을 알고 배우고 또한 함께 지니지 않으면 안된다. … 지금이야말로 손·남 양 용사의 세계적 우승은 조선의 피를 끓게 하여 조선의 맥박을 뛰게 하였다. 그리하여 일단 일어서면 세계도 장중에 있다는 신념과 기개를 갖게 하였다."(『동아일보』 11일자)

"손·남 양군의 영예일 뿐 아니라 2,500만 조선 민족의 일대 역사적 영광이라고 말하지 않을 수 없다. …. 우리들은 이번의 손 남 양군의 승리로 민족적 일대 영예를 얻었다. 이와 동시에, 민족적 일대 자신을 얻은 것이다. 즉, 조선의 모든 환경은 불리하다 하더라도 우리들의 민족적으로 받은 천품(天稟)은 다른 어느 민족보다도 나으면 낫지 결코 떨어지지 아니함으로 노력만 한다

면 어떠한 것도 성취해 나갈 수 있다는 것이다."(『조선일보』 11일자),

　"반도의 의기를 가슴에 품고 필사의 각오를 굳건히 한 데에 더욱 더 커다란 원인이 있는 것이 아닐까. 우리들은 다만 반도의 의기를 양성하여 우리들의 자존심을 어느 정도까지 발양한 손군의 필사적인 발분을 위하여 스스로 경하하지 않을 수 없다. 이것은 우리들의 유구한 장래를 위한 반도의 의기이기 때문이다."(『조선중앙일보』 11일자)

　그러나 『조선중앙일보』의 8월 20일자의 사설 '세계 제일과 민족생활, 마라톤 제패의 와중에서부터'의 논문은 다른 논문과 다소 논지를 달리하여 스포츠 우승을 다른 영역에서의 세계 제일을 뜻하지 않더라도 민족적 자신을 얻었다는 논지를 웃으면서 양군 승리 축하의 미명하에 금품을 수여하는 것을 추잡한 자기선전을 위하는 것으로 하여 열광에 시종하는 경박한 민중으로 되지 말라고 가르치고 있다. 이것은 동지 11일자의 사설과 다소 모순 되는 곳도 있으나 이 논지는 실로 지당하다. 그러나 그 승리의 감격을 말하여 '마라톤의 패권이 드디어 조선이 낳은 한 청년의 손에 쥐어졌다는 소식이 일단 조선에 전해지자, 마치 새벽하늘에 울리는 경종과 같이 암담한 절망과 침체의 속에서 배회하고 있는 조선 민중의 귀를 때렸다. 그리하여 너무나도 오랜 기간 승리의 영예와는 연이 멀었던 조선 민중에 최초의 망연한 경각으로부터 이제야 틀림없이 승리의 깃발이 그들에게 돌아왔다는 것을 확신할 때에 이 위대한 환희의 폭풍은 적막한 삼천리강산을 범람하여 깊이 감동시키기에 충분하였다."라고 표현하고 있는 점, 역시 민족주의적인 점을 간파할 수 있다. 그러한 민족 고조의 경향은 다시 진행되어 손군 우승의 사진을 게재함에 있어서 고의로 일장기를 말소하는 태도를 취하게끔 되었던 것이다.

　8월 25일 『동아일보』 석간에 마라톤 우승자 손기정 군의 사진이 게재되었다. 그것은 23일자 『대판조일신문』에 '머리에 월계관, 양손에 감람수분 마라톤 우승자' '우리의 손기정 선수'의 표제로 게재한 사진의 전재(轉載)이나 그 가슴 사이에서 빛나는 일장기의 마크를 말소하고 있는 것이다. 이 일에 대하여 즉시 경기도 경찰부가 활동을 개시하여, 동사 사회부장, 운동부장 이하 기타 사진부원을 취조한 결과, 고의로 약품으로 말소한 사실이 판명되어 결국 신문지법 제21조에 의하여 27일 석간부터 무기발행정지처분을 받았다. 그리고 그 처분에 관한 이유는 8월 29일자 각 신문에 다나까 경무국장 담화로 하여 게재되었다. 『동아일보』에서 발행하고 있는 잡지 『신동아』도 남승룡 군의 일장기 마크 말소에 의하여 차압처분을 받았다. 그 후, 다시 『조선중앙일보』도 『동아일보』와 같이 일장기 마크를 말소한 혐의를 받고 당국의 엄중한 취조를 당하여 결국 9월 5일 이후 당분간 휴간하는 것으로 되었다. 이들의 신문사가 얼마나 경제적 대 손실을 받을 까는 짐작되고도 남음이 있겠으나 그것보다도 더하여 손군 우승의 대 장쾌사가 이와 같은 결과를 낳게 되었다는 것은 심히 슬픈 일이라고 말할 수밖에 없을 것이다.

올림픽 뉴스가 부내 단성사(단성사가 아니라 부민관임; 필자 주)에서 상영되었을 때에 다지마(田鳥), 마에바다케(前畑) 양 선수의 우승 장면에는 일장기가 게재되었어도 아무런 박수가 없고 기미가요가 연주되어도 탈모를 하지 않고 손군의 우승 장면만이 계속하여 터져나가는 듯한 박수가 있었다고 말하나 일반 조선민중에까지 그와 같은 구슬픈 영향이 침윤하여 있는 것이다.

五.

『동아일보』의 발행정지에 관한 다나카 전 경무국장의 말은 다음과 같다. "『동아일보』는 이번 발행정지처분에 붙여졌습니다. 전일 베를린에서 개최된 세계 올림픽대회의 마라톤 경기에 우리 조선출신의 손기정 군이 우승의 월계관을 차지한 것은 우리 일본 전체의 명예로서 내, 선 공히 크게 축하하여야 할 일이며, 또한 내, 선 융화의 밑거름으로 되어야 하는 것인 바, 적어도 이것이

역용되어져서 조금이라도 민족적 대립의 분위기를 유치하는 것과 같은 일이 있어서는 아니 되는 것입니다. 그런데 사실은 신문지 등의 기사로 하여 자칫하면 대립적 감정을 자극하는 것과 같은 필치로 나오는 자가 있음은 일반적으로 유감스럽게 생각하고 있었던 처입니다. 그런데『동아일보』에 있어서는 종래부터 여러 차례 당국의 주의가 있음에도 불구하고 8월 25일의 지상에 손기정 군의 사진을 게재하였습니다마는 그 사진에 선명하게 나타나야만 할 일장기의 마크가 고의로 말소되어진 행적이 있었으므로 즉시 차압처분에 붙여서 그 사실을 취조한 바, 그것은 8월 23일자『대판조일신문』에 게재되었던 손기정 군의 사진을 전재할 때에 일장기가 신문지상에 나타나는 것을 기피하여 고의로 기술을 사용하여 이를 말소하였다는 것이 판명되게 되었음으로 마침내 그 신문지에 대하여 발행정지 처분을 하게 된 것입니다. 말씀드릴 필요도 없이 이와 같은 비국민적 태도에 관하여는 장래라 할지라도 엄중한 취체를 가할 방침입니다마는, 일반에 있어서도 착오 없으시도록 주의하여 주실 것을 부탁드리는 바입니다."

이 사건은 일이 일인 만큼 상당히 사회적으로 커다란 반향을 불러 일으켰다. 단호한 처분으로 나온 총독부의 태도는 전술한 경무국장 담화에 의하여 전적으로 알 수 있다.

8월 29일 대동민우회(大東民友會) 창립위원회는 이 총독부의 태도에 전적으로 찬의를 표하고 또한 조선사람 각자에게 강하게 반성을 촉구하고 성명서를 발표하였다. 대동민우회는 대아시아주의를 지도 원리로 하는 조선인들의 단체로서 좌익측의 전향자가 그 중심을 이루고 있다고 들었다. 그 성명서 중에 "우리는, 우선 손군의 우승을 조선 사람만의 영예로 보는 편협한 태도를 거부해야 한다. 손군의 출장이 일장기 하에서 이루어져 그 경기가 일장기의 펄럭임과 전 일본국민의 환호 속에서 얻어지게 되었다는 것을 잊어서는 안 된다. 이번의 손군의 우승을 통하여 내, 선 양 민족의 감정과 정서의 융합을 가져왔는가를 생각하여야 한다."라고 말하고 또한 방향을 바꾸어 『동아일보』의 행위에 이르러 그 일은 결코 조선인의 의지가 아니고 스포츠 인의 의지가 아니며 또한 손군의 본의도 아닌 다만 전모(餞摹)한 신문, 상매술(商賣術)적 사리(私利)의 충동에서부터 나온 행위라고 하면서, 그러한 편협한 광태를 훈계하고 있다. 또한 9월 1일자 『매일신보』는 '동아자(東亞子)를 위하여' 라는 제목의 논설을 게재하여 『동아일보』의 비열한 태도를 나무라고 있다. 조선인 간에도 별도로 그러한 생각을 공표는 안 하였으나 이 일을 유감으로 생각하는 사람들은 상당수 많이 있다.

六.

손군 우승에 열광한 조선 재주자(在住者)에게는 이제는 이미 그 일은 하나의 슬퍼하여야 할 추억으로 되었다. 그러나 사태가 이와 같이 추이된 이상 그 일을 정시(正視)함과 더불어 금후에 또다시 그와 같은 일이 생기지 않도록 깊이 생각하여야 할 것이다.

병합(倂合) 이후의 조선 사상계의 동향을 볼 때에 만주사변을 계기로 하여 급격하게 호전한 경향을 간파할 수 있다.

일본은, 만주사변을 계기로 하여 몇 차례 국제적 위기에 서고 일본을 중심으로 몇 차례인가 세계전쟁이 예상되었다.

그러나 일본은 단호하게 그 소신에 매진하여 용감하게 그 위기를 돌파하였다. 상해사변, 만주국 승인, 국제연맹 탈퇴와 흔연히 전 세계의 반대를 물리치고 나아가는 일본을 조선 사람들은 스스로 재인식하지 않을 수 없게 되었다. 예전부터 중국에 기대고 러시아에 기대며 병합이후에도 걸핏하면 일본의 힘을 과소시(視)하고자 하던 조선 사람들은 거기에서 빛나는 아시아의 맹주로서의 일본을 재발견하였다.

만주에서의 조선 사람 100만을 안녕하게 이끌 수 있는가의 여부는 오직 일본의 힘에 기대지 않으면 안 된다.

일본과 더불어 만주국을 키워 세계 앞에 일본의 조선이라는 것만으로서 힘차게 나아가야 한다. 원래에 몇 번인가 일본과의 합일을 반동적 의미로서만 생각하고자 하였던 조선인들은 전혀 진지하게 생명적 욕구로서 일본의 모습을 보며 일본을 필요로 하고자 한 것이었다.

그렇지만 그러한 경향이 전반에 걸쳐서 철저하였었다고 단정하는 것은 빨랐다. 금번의 이 사건을 계기로 하여 우리들은 그 감(感)을 깊게 아니할 수 없는 것이다.

일본이 가지고 있는 본질은 일본의 국체(國体)에 있다. 일본천황은 이 인류사회를 절대 평화로 이끌어 가는 일을 천직으로 되어 있다. 일본의 인식은 이 일본 국체에 입각하여야 한다.

유구한 옛날에 천조대신(天照大神)이 내려 보낸 어신칙 '하늘의 천황을 내려 보냄은 실로 천지와 같이 무궁하도다'의 지시는 그 이상 실현의 영원성을 나타내며, 신무천황의 칙서 중에 '전 세계를 덮(複)어서 집(宇)으로 하다'의 선언은 절대 평화건설의 대의를 전 세계에 선포하는 것을 목표로 한다. 더욱이, 삼종신기(三種神奇)가 표현하는 사랑과 정의와 힘은 일본천황의 굳건한 이상의 내적표현이다.

그 이상 밑에서 모든 것은, 그 본질을 올바르게 살리고 키우며 정리된 형태로서 발전한다. 인류사상 몇 번이고 여러 사람들의 머리에 의하여 조직되며 입을 빌려서 외친 이 이상을 현실의 역사위에 강력한 힘을 지닌 실행자로서 임하고 있는 것이다.

그 이상은 일본의 국가가 시작됨과 동시에 존재하며 만세 일계 천양무궁한 황통(皇統)을 통하여 인류가 존재하는 한 영원하게 계속된다. 2,600여년이 되려고 하는 일본역사는 이 이상(理想)의 실현을 위한 지름길에 불과한 것이다.

일본 역사상 사회 형태상에도 갖가지 변천을 보아왔다. 커다란 안목으로 보아, 씨족제부터 군현제(郡縣制)로, 군현제부터 봉건제로, 거기부터 자본주의제에로, 시대와 더불어 커다란 변이를 보여주고 있다. 그러나 천황을 중추로서 받드는 민족조직의 각 시대를 통하여 일관되어 변하지 않는 이유는 천황의 큰 마음에 한 점의 사심(私心)이 없으며 상술한 바와 같이 이상실현에 부지런히 힘써서 노력하고 장려하였기 때문이다.

일본의 사회적 모순의 고차원화는 항상 이 큰 마음가짐으로 극복되어져 다음의 새로운 시대에로 발전하고 있다.

또 일본은 유사 이래 몇 차례인가의 외적의 침략 강압을 받아 비상시의 위기를 경험하고 있으나 일본 국민은 상시 일신을 바쳐서 천황이 가지고 있는 이상실현에 죽음을 무상의 행(幸)으로 하고 있다. 불교, 유교 등의 외래문화가 일본에 들어와서 일본 민족의 생활양식에 정신으로서 동화하여 생활화한 사연도 모두가 천황중심사상에 개현지양(開顯止揚)된 것에 불과하다. 서구문화도 바야흐로 일본적인 것으로 동화되어 위대한 천황 중심의 세계적 종합 문화가 건설되려 하고 있다.

흥망유전(興亡遺傳) 한이 없는 세계사를 탐구하고 또한 역시 현존하는 여러 국가의 모든 것을 두루 검토하여본들 일본과 같은 큰 이상을 가진 국가가 어디에 있는가. 그 이상 실현을 천지와 더불어 영원하게 실현시키고자 부지런히 힘써 노력하는 주권자가 어디에 있는가. 더욱이 또한 동서양의 문화를 혼일하게 하여 위대한 종합 문화를 건설한 민족은 일본을 빼고 어디에 있는가.

투쟁에 투쟁을 거듭하여 문질 문명에 착잡한 걸음을 계속하는 구미 제민족의 구슬픈 걸음걸이를 보라.

안식이 높은 자로 하여금 서구의 몰락을 한탄시키게 하고 혁신자로 하여금 '인류의 역사는 계급투쟁의 역사이다'라고 외치게 하는 것은 영원히 평화가 없는 가련한 백색 인종의 신음(呻吟)밖에는 다른 것이 아니다. 또한 백색

인종 고민의 여말(余沫)을 뒤집어쓰고 그 무력적 물질 침략을 위하여 노예적 생활에 이용되고자 하는 유색인종의 슬픈 현실의 모습은 무엇을 말하는 것인가. 자랑할 만한 사상문화도, 힘없는 현실 때문에 얼마나 무참한 기로를 더듬을 수밖에 없다는 표명이다.

명치유신에 세계사의 무대에 올라 일로전쟁(日露戰爭)에 백색인종의 최대 육군국의 침략을 물리쳐서 아세아의 맹주가 된 일본은 조선을 병합하고 만주국을 독립시키며 더 나아가 전 세계를 상대로 그 뜻하는 대 아시아정책을 수행하고자 한다. 그 진의는 다만 아시아의 각성, 개방부터 더욱이 적극적으로 세계 대중에 참된 평화와 참된 문화를 부여하여 혼돈상태의 세계전사를 끝내고자 하는 것 이외는 없다. 고민하는 전 세계 대중에 최대의 행복, 최고의 이상을 주고자하는 것 외는 없다.

일본 국체와 같은, 위대한 이상을 갖지 아니하였던 조선의 과거의 발자취는, 얼마나 슬프고 암담 상태인가. 유사 이래, 진정으로 조선이 조선으로서의 독립성을 볼 수 있는 것은, 옛날의 신라시대라고 사학자(史學者)로 하여금 말하게 할 만큼 항상 대륙부터 여러 가지 정치적 지배를 받아 시종 그에 굴복하지 않을 수 없었던 것은 왜 그럴까. 조선에는 일찍이 불교가 들어오고 유교가 들어왔다. 그것들의 위대한 사상은 조선 사람들에게 얼마만큼의 은혜를 주었을까. 찬란한 신라의 불교문화가 무르익은 고려의 형식 불교로 타락되고 이조에 이르러서는 배불(排佛)정책을 쓸 수밖에 없었던 일은 왜 그랬을까. 성현(聖賢)의 길을 꾸준히 설교하는 유교가 조선에 들어와서 얼마간의 자랑할 만한 대유(大儒) 학자를 배출시키면서도 이조 일대(一代)를 통하여 번거로운 규칙이나 예절의 형식에 빠져 비참한 정쟁에 시종하게 되었던 것은 왜 그랬을까.

이 조선의 걸어옴을 돌이켜보면 유사 이래 한 번도 외적의 지배를 받지 아니하고 여러 차례의 비상시를 보기 좋게 극복하여 발전하여온 일본, 불교도 유교도, 그리고 새로운 서양문화도 다 같이 소화시켜 위대한 종합문화를 건설하고 유유히 발전을 계속하는 일본의 역사와의 사이에 대단히 커다란 차이를 볼 수 있을 것이다. 그 차이는 단순한 반도와 섬나라(島國)라는 토지의 상위에서 뿐만은 아니다.

여러 가지 모든 것의 근본으로서 가장 힘차게 일하는 일본 국체의 이상을 올바르게 인식하지 않으면 안 된다.

일본은, 일본 국체가 있음으로 인하여 모든 모순을 강력하게 돌파하여 온 것이다. 일본 국체를 갖고 있었기 때문에 모든 문화를 종합하여 왔던 것이다.

세계전쟁까지도 불사하고 나가고자 하는 일본의 본질은 이 일본 국체에 있다. 국위름름한 일본은 이 천황이 품고 있는 대의를 우러러보며 천황문화의 세계 정패로 나아가는 것이다. 조선 사람들이 과거의 비참한 역사를 청산하고 일본과 걸음걸이를 같이 하여 다른 어떠한 민족보다 앞서서 천황을 우러러보는 민(民)으로 될 수 있었던 것은 얼마나 행복한 일인가.

앞에서 기술한 사설 중에 '조선의 모든 환경은 불리하다', '암담한 절망과 침체 속에서 배회하고 있는 조선', '너무나도 오랫동안 승리의 영예하고는 인연이 멀었던 조선' 등등이라고 말하고 있으나 그것은 명확하게 일본의 본질을 모르고 일본에 병합되어진 진의를 모르는 말이다.

조선이 다른 세계의 여러 민족 중에서 가장 빠르게 일본과 걸음을 같이 한 사실은 세계 속에서도 가장 혜택을 받은 환경에 돌입하였다는 것이고, 세계 여러 민족중 제1로 가장 위대한 승리와 영예를 획득한 것이다. 조선 사람들의 감정 속에 일장기를 말소하고 일본과 걸음을 같이하는 것을 거부하고 싶은 마음이 조금이라도 있는 동안에는 조선은 절대로 구원받지 못한다. 이것은 조선 스스로를 또다시 먼저의 이상이 없는 암담한 걸음으로 되돌린다는 것 밖에는 안 된다. 조선을 진실로 구하기 위해서는 이 빛나는 일장기를 가지는 일본 국체의 정신을 더욱더 조선 사람들에게 철저케 하여야 한다.

그렇지만, 이와 같이 말하는 일본의 현재 조선에 대하는 시정(施政) 중에 혹은 일본 내지인의 조선인에 대하는 태도에 수정할 점이 많음은 우리들도 인정한다. 우리들은 일본 국체의 본뜻에 각성한 조선인과 더불어 협력하여, 금후의 조선의 향상에 노력하고자 생각하고 있다.

七.

　　대체적으로, 올림픽에 관심을 갖는 사람으로서 손군의 우승을 마음으로부터 좋아하지 않는 일본인이 한사람이라도 있었을 것인가. 대동민우회 창립위원회의 성명문 중에도 "우리들은 내지인 동포가, 손군의 승리를 가리켜 '전 일본국민의 24년만의 숙망과 달성' 이라고 환영하는 그 아량과 국민적 순정을 이해하는 것을 알아야 한다"라고 말하고 있으나 실로 그렇다. 나도 8월 10일 이른 아침, 여행을 떠나기 전에 라디오를 통하여 손군 우승을 큰 감격 속에서 들은 한 사람이다. 미나미 총독이 이 우승의 보도를 듣고,

　　"나는 일대의 무인(武人)임으로 꽤 까다로운 스포츠의 기록 등은 모르나, 마라톤에는 다대한 관심을 가지고 있었다. 이 일대 첩보는 실로 유쾌하다. 양군이 장하게 일본 정신을 발휘하여 준 것은 무엇보다도 기쁘다."라고 칭찬하고

　　감서 부윤(甘庶府尹)은 크게 기뻐하며,

　　"다년간 우리 일본이 절망하였던 마라톤에서 손 남 양군이 세계제패를 성취하여 이 이상 더 좋은 기쁨은 없다. 더욱이 반도의 이 경성의 학교 출신인 만큼 70만 부민은 약동적으로 손군의 공적에 대하여 감사의 폭발이라고 말할 수 있다."라고 말하고 있다. 손군이 일본의 국위를 빛나게 하여준 것을 얼마나 감사하고 있는지 모른다. 특히 정성을 다하여 코치를 맡았던 사람들이 얼마나 울며 기뻐하였는가는 당시의 신문지의 보도로 알 수 있다. 손군 우승 직후 대판조일 경성지국에서 열린 '손선수를 말하는 회(會)' 에서 양정고보 간사 서봉훈 씨가 이전(以前)의 동교 교우 미네가시 쇼오다 씨의 마라톤 선수지도

를 칭찬하여 그 열과 노력이 양정고보의 이상적인 경기부를 구성해 낸 커다란 원인이라고 말하고 있다.

거리감 없는 일본인의 열띤 지도를 논외로 손군의 우승은 전혀 생각지도 아니한데서 더욱이 이번의 대회에 있어서 일본 코치 하에 지도되어 일본선수로서 출장하여 이긴 것이다. 그것을 어디까지나 조선의 손(孫)으로 하여 일장기를 말소한 손으로서 찬양하는 것은 얼마나 편협한 정신일까. 손군 자신 "여러분의 후원의 덕분입니다"라고 겸손하여 하고 있는 그 심정을 진실하게 알아주어야 할 것이다. 신문사는 판매정책으로 행하였다고 구실을 되고 있는 것 같으나 특히 조선과 같은 민도가 낮은 곳에서 사회의 목탁(木鐸)임을 사명으로 하는 신문지의 절대로 용서될 수 없는 태도이다.

조선 사람들은 지금까지 너무나도 자신을 갖지 아니하였다. 아니, 가질 수가 없었다. 그것이 손순의 마라톤 제패를 계기로 하여 커다란 자신을 획득하였다고 말한다. 이를 계기로 삼는다 하더라도 그 자신을 갖게 된 것은 실로 좋은 일이다. 노력만 하면, 어떠한 것이든 해낼 수 있는 것이다.

조선 사람들이여, 어떻게든지 이 노력에 바탕을 둔 자신을 스포츠 만에 그치지 말고, 거리낌 없이 사회 각 방면에 그 힘을 더욱 뻗어나가 주십시오. 일본이 본질로 하는 일본 국체의 정신은 모든 것을 참으로 올바르게 살리는 일입니다. 일장기 아래에서 손군은 세계 제1의 우위를 점하였다. 일장기 밑에서 조선 사람들은 그 천분을 충분히 신장시켜서 세계 제1이라는 것을 모든 여러 분야에서 과시하여 주십시오.

시정(始政)이후 만 26년, 약진조선의 발전은 실로 굉장하다. 이번의 손군의 우승도 또한 이 약진 조선의 하나의 상징이라고 말하여야 할 것이다. 베를린 대회를 끝마치고 4년 후의 동경에서 개최되는 올림픽 대회를 향한 젊은 이들은 벌써 열심히 연습을 개시하고 있다. 다음 대회에는 다시 한 번 제2, 제3의 손군, 남군이 속출할 것이다. 동경대회가 열리는 해는 기원 2600년이다. 그리고 조선은 시정(始政) 30년에 해당된다. 조선의 사회도 각 방면 공히 약진과 충실을 더할 것이다. 일장기 아래에서, 발전하는 명랑한 조선의 모습을 나는 그들 등의 청년 중에서 기대하여 보고 싶다.

어찌되었든, 이번과 같은 사건을 통하여 조선 사람들의 일본 인식이 너무나도 불철저함을 강하게 인식하였다. 그리고 일본 국체의 정신 안양에 전진하는 우리들의 사명의 중대성을 더욱 더 통감한다.

손기정 남승룡 가슴의 일장기를 지우다

초판 1쇄 발행 2006년 8월 11일

지은이 _ 최인진
펴낸이 _ 이재선
펴낸곳 _ 신구문화사

출판등록 _ 1968년 6월 10일
주소 _ 서울시 종로구 청진동 229-1
전화 _ 02-735-4461~5
팩스 _ 02-732-4838
e-mail _ kkk33@korea.com
ⓒ 최인진, 2006

값 12,000원
*지은이와의 협의에 따라 인지는 생략합니다.
*잘못된 책은 바꾸어 드립니다.